ESCOLHENDO FELICIDADE

UMA MANEIRA INCOMUM DE ENCONTRAR A ALEGRIA EM SUA VIDA

RÜDRANI DEVI

© 2020 Access Consciousness Publishing®

Todos os direitos reservados. Nenhuma parte desta publicação pode ser reproduzida, distribuída ou transmitida de qualquer forma ou por qualquer meio, incluindo fotocópia, gravação ou outros métodos eletrônicos ou mecânicos.

www.rudranidevi.com

Desenvolvimento de capa: Remedy Creative / remedy-creative.com
Fotografia: Karen Will Rogers / karenwillrogers.com
Tradução: Camila Sanchez Milagre
Revisão: Ivone Carvalho

Escolhendo Felicidade / Rüdrani Devi. –1a ed.
Capa Comum ISBN 978-0-9834600-5-3

*Este livro é dedicado aos meus amigos fenomenais,
Gary e Dr. Dain, cofundadores de Access Consciousness.
Sou muito grata por ter vocês dois no meu universo.
Como pude ter tanta sorte?*

Como seria se você tivesse incorporado tanta consciência em tudo o que fez, que os outros escolheram se tornar mais conscientes a partir do resultado de você? E se você fosse a inspiração para uma possibilidade mais grandiosa? Tudo o que se requer é que você escolha VOCÊ.

–GARY M. DOUGLAS

SUMÁRIO

CAPÍTULO 1: Nascer Feliz? 1

CAPÍTULO 2: O Inesperado – Parte Um 11

CAPÍTULO 3: O Inesperado – Parte Dois 17

CAPÍTULO 4: Um Ser Infinito Verdadeiramente
Escolheria Isso? 25

CAPÍTULO 5: Tudo É Apenas Um
Ponto De Vista Interessante 35

CAPÍTULO 6: Viva Em Incrementos De 10 Segundos 43

CAPÍTULO 7: Viva Na Pergunta 53

CAPÍTULO 8: Sem Forma, Sem Estrutura,
Nem Significância 63

CAPÍTULO 9: Sem Julgamento, Sem Discriminação,
Nem Discernimento 71

CAPÍTULO 10: Nada De Drogas 79

CAPÍTULO 11: Nada De Competição 87

CAPÍTULO 12: Não Ouça, Não Conte E
Nem Compre A História 97

CAPÍTULO 13: Sem Exclusão 107

CAPÍTULO 14: Você Está Pronto Para Escolher? 115

Sobre A Autora: 119

Mais sobre Access Consciousness 121

PREFÁCIO

Deixe-me ser a primeira a parabenizá-lo. Por chegar até aqui, a este livro, a essa conversa e a essa mulher incrível. Este livrinho lindo que você segura em suas mãos contém ferramentas para mudar vidas, conversas e reflexões... Algumas das quais podem parecer tão ridiculamente simples que possivelmente não teriam valor algum.

Adivinhe de novo, meu amigo. Os presentes, os insights e as escolhas são um convite lindo que Rüdrani Devi faz a todos neste livro e, pessoalmente, foram as coisas mais profundas que já encontrei até agora.

A felicidade como escolha é um conceito completamente estranho neste mundo. Certamente a felicidade é simplesmente um subproduto do dinheiro, daquele relacionamento perfeito, de uma vida fácil, ou qualquer outra coisa que você tenha atribuído a isso. Mas e se for o contrário? E se todas as coisas que você acha que vão criar felicidade são realmente subprodutos da grande, ousada e diferente escolha de ser feliz – só porque são mesmo uma escolha?

Isso confronta a cultura americana e a maioria do mundo. Estamos todos em busca da felicidade, não estamos? Não é o que todo mundo deseja? Se a resposta é sim, então por que raios existem tantas pessoas infelizes no mundo?

A escolha da felicidade é uma escolha que o diferencia do resto do mundo. Como Rüdrani demonstra nessas páginas de forma tão corajosa e íntima, a felicidade é algo que você pode escolher, mesmo nas situações e circunstâncias mais traumáticas e dramáticas. Rüdrani Devi é a prova ambulante disso – em seu caminhar, sua fala e seu sorriso.

A escolha da felicidade requer que deixemos de lado nossas histórias, nosso fascínio por ser vítima do resto do mundo, e acima de tudo, a sermos empoderados, pessoas cheias de escolhas, comprometidas em criar algo diferente em um mundo apegado às limitações.

Embora isso possa parecer incrível e esotérico – a beleza deste livro está em fornecer ferramentas pragmáticas, aplicáveis e incrivelmente fáceis de usar para mudar seu ponto de vista, redirecionar sua atenção para o que é importante e tornar-se um ser raro no mundo, que valoriza, tem acesso e escolhe a alegria apenas pela alegria.

Então, prepare-se para uma leitura que muda a vida. Deixe que essas joias penetrem em seus poros. Permita que Rüdrani o inspire de uma forma que você jamais considerou. Desapegue-se de tudo o que você pensou que era real e verdadeiro... e acesse... você.

Aproveite, seu lindo.
E gratidão por escolher.

Heather Nichols, MSW

Heather Nichols tem criado mudanças dinâmicas na vida das pessoas há mais de 20 anos. Sua presença revela potência e expansão e o convida a dizer SIM à vida brilhante que está esperando por você do outro lado da escolha.

https://heathernichols.com

CAPÍTULO 1:

NASCER FELIZ?

De todas as pessoas neste planeta, por que eu deveria falar sobre o tema felicidade? Bem, talvez porque quando as pessoas conhecem minha história, a maioria dos comentários que recebo é que eu provavelmente deveria ser uma das pessoas menos felizes, considerando tudo o que aconteceu na minha vida. E ainda assim, eu me considero uma das pessoas mais sortudas que conheço. Então, qual é o meu segredo? Segure firme e eu vou chegar nisso.

Do jeito que minha mãe conta, eu estava praticamente gritando diretamente do útero. Eu era aquele bebê infeliz que, se não estivesse recebendo atenção 24 horas por dia, todos os dias, todos saberiam. Em alto e bom som! Houve noites em que a única maneira de minha mãe dormir era se ela estivesse me segurando em seus braços. Certo, que tipo de sono real seria esse? Você entendeu a situação. Desculpe-me, Celeste.

RÜDRANI DEVI

Ela adora contar uma história sobre quando eu ainda era criança e andava descalça, afinal por que eu iria querer usar sapatos? Estávamos na seção de brinquedos da loja de departamentos Sears. Olhei para um leão de pelúcia grande que, na época, tinha quase quatro vezes o meu tamanho. Evidentemente, eu decidi que tinha que ter aquilo, então chorei e chorei por dias, até que ela voltou à loja e comprou o bichinho de pelúcia para mim. Eu devia saber algo sobre esse leão, já que ele se tornou meu companheiro de cama, e o choro se acalmou. Entretanto, ele não acabou com meu apetite insaciável pela vida.

Suponho que parece que eu era uma criança muito exigente, embora do jeito que me lembro, eu só sabia o que eu queria e que eu faria qualquer coisa para que isso acontecesse. Eu só posso imaginar as brigas que minha mãe teve com meu pai para convencê-lo de que tudo bem se eu estivesse interessada no que acabou se tornando uma de várias aventuras. Hoje, eu reconheceria que sou uma verdadeira criadora da minha vida. Se uma aventura se mostrava generativa para mim ou não, isso não importava. Eu apenas seguia em frente. Eu era curiosa a respeito de tudo; eu aprendia muito sobre várias coisas. No meu ponto de vista, eu era levada a isso. Eu não ficava brava, chateada ou infeliz. Eu simplesmente sabia o que queria e, em tenra idade, encontrava uma maneira de obter isto, intuitivamente. Não desisti, não desisto e nunca desistirei.

ESCOLHENDO FELICIDADE

Sobre minha vida? Eu cresci sob o peso de um pai católico romano muito disciplinador, que acreditava no cinto e puxava os lençóis da cama para acordar a mim e meus cinco irmãos todas as manhãs, antes da escola. Ele cantava essa música irritante: "Levante-se, levante-se, levante-se, siga em frente. O sol vai brilhar. Você está se sentindo bem. Hoje é outro dia. Não importa o clima, basta se recompor. Não adianta chorar, suspirar, lembre-se de que você é um sortudo!" Ah, era tão horrível que, até hoje, me lembrar desses versos aparentemente positivos ainda pesa no meu peito.

Lembro-me de meu pai me bater com o dorso da mão dele na mesa de jantar por eu ter dito a palavra "grávida". Meu dente cortou meu lábio, mas não tive permissão de chorar por causa disso. Eu tive que sair de casa durante uma tempestade, sentar no galpão de metal com todas as ferramentas para aparar grama e pensar no que eu tinha feito. Lembro-me de estar com frio e com muito medo de que os raios pudessem atingir o galpão e me matar. Às vezes eu orava por isso. Lembro-me de implorar a Deus e dizer: "Ei, eu ficaria bem com isso. Eu seria boa no céu. Como seria isso?" Meus amigos não queriam ir à minha casa porque diziam que meu avô sempre estava muito bravo. A diferença de idade entre minha mãe e meu pai era de 17 anos, então era comum eles imaginarem que meu pai era meu avô.

Quando passei a dirigir, eu estava sempre escapando e saindo furtivamente para a casa da minha amiga Carol, porque decidi que não queria mais ser espancada. Eu era muito anêmica e não conseguia explicar as contusões constantes. A mãe de Carol ligava para minha mãe e, chorando, Celeste vinha me pegar.

Perdoe-me por fazer uma pausa desconfortável ao reler minhas últimas palavras.

Pensando em tudo isso agora, eu ainda não estava infeliz. O medo de que meu pai pudesse me matar um dia passava pela minha cabeça de vez em quando, mas de alguma maneira eu fui feita de um jeito diferente. Eu fazia qualquer coisa e tudo o que podia para ser a filha perfeita, assim ele não ficaria bravo comigo. Eu me inscrevi no conselho estudantil, banda, orquestra, casa de espetáculos, equipe de atletismo, aulas de dança e até aulas de mímica. Também tínhamos um roteiro de entrega de jornais a ser cumprido, que foi passado do meu irmão mais velho para todos os seis, até que minha irmã mais nova e eu estivéssemos no comando. Com isso veio o cuidado com os animais de estimação, quando os assinantes em nossa rota estavam fora da cidade. Fiz tudo o que pude para me manter fora de casa o máximo possível.

Quando eu era menor, antes de poder dirigir, encontrei alegria genuína em várias coisas. Havia uma fazenda do outro lado da rua onde eu morava. Eu brincava com girinos, trazendo-os para casa para mantê-los em um aquário até que as pernas crescessem e se tornassem sapos. Eu gostava de acariciar as vacas e fiz amizade com

ESCOLHENDO FELICIDADE

os donos de cavalos. Acabei conseguindo montar um cavalo que eles não conseguiam montar regularmente. Eu me apaixonei por um cavalo chamado Popcorn e podia jurar que ele me entendia. Eu ia até lá quase todos os dias depois da escola, até minha mãe me inscrever para aulas de dança, e então esse tempo foi preenchido com aulas de dança. Eu aprendi a tocar violino aos quatro anos com o método Suzuki. Como minha mãe era uma pianista com formação clássica, passei a ter aulas de piano aos sete anos de idade. Eventualmente, como cantar era algo natural para mim, decidi que tinha que fazer parte do grupo folclórico da igreja, mas como eles já tinham muitos violinistas, eu precisaria escolher outro instrumento. Eu escolhi o banjo. Eu imaginei que eles não poderiam me recusar se eu tocasse um instrumento que ninguém mais no grupo tocava, e eu estava certa! Eu era a mais nova do grupo e, às vezes, era a vocalista principal.

Eu também era uma moleca e queria ser uma ginasta olímpica. Eu era muito atlética e competitiva comigo mesma. Eu poderia correr uma milha mais rapidamente do que qualquer outra garota da minha aula de ginástica. A entrega do jornal teria desafiado qualquer adulto devido às colinas íngremes do meu bairro, no leste do Tennessee. Na minha aula de ginástica descobri que eu tinha uma afinidade para as barras irregulares e pelo cavalo com alças. Eu implorei à minha mãe para fazer aulas; mas ela não conseguia encontrar aulas de ginástica em uma cidade tão pequena, então fiz aulas de balé e sapateado. O jazz e a dança moderna chegariam um ano depois.

    Acabei adorando dançar e descobri rapidamente que, com as aulas logo depois da escola, eu podia ficar longe de casa a maior parte do dia. A dança e a casa de espetáculos entretinham meu lado talentoso, e eu podia ser qualquer coisa. Eu gostava muito de conversar e ainda gosto! Evidentemente, no mundo do meu pai, as crianças pequenas eram feitas para serem vistas e não ouvidas. Descobri anos depois que os filhos da irmã mais nova dele também ficavam aterrorizados com ele. Evidentemente, coube a ele discipliná-los.

    Eu ia a todos os lugares por causa das aulas com a banda e a orquestra, ensaios de coral, aulas de dança e, eventualmente, aulas de teatro. Até me inscrevi como a única garota que montava as produções de verão da Oak Ridge PlayHouse, eventualmente aprendendo a cuidar do áudio e a trabalhar na iluminação. Nesses ambientes, com alguma disciplina amigável e vinda de um adulto firme, mas compreensivo, eu podia ser quem eu era totalmente, falando alto e sendo expressiva. Eu era outra pessoa quando estava em casa. Eu ficava quieta lá, mas isso me mantinha segura.

    No meu último ano do ensino médio, com pré-requisitos avançados de colocação garantidos, estive presente por apenas meio dia na última metade do ano. Na sala de estar, eu ensinava piano, violino e banjo para os iniciantes, enquanto minha mãe ensinava piano em

ESCOLHENDO FELICIDADE

seu estúdio. Eu fiz as coisas cedo porque eu queria estar preparada para a faculdade, e assim me tornei uma caloura muito jovem da Universidade do Tennessee em 1981.

Ufa, tudo isso aos 17 anos.

Foi apenas na faculdade, ao conhecer outras meninas que foram abusadas por seus pais e, eventualmente, namorados, que então eu vi o quão diferente eu era. No meu ponto de vista, elas eram desafiadoras e nervosas ou tímidas e retraídas. Eu, por outro lado, parecia ter uma personalidade dividida. No mundo, eu era completamente aberta e livre para ser quem eu era. Em casa, eu era a filha do meu pai que ansiava pela aprovação dele. Até eu estar realmente no mundo lá fora, sozinha pela primeira vez, eu não havia descoberto que tinha uma desconfiança inata do sexo oposto. Eu acreditava que, se eu fosse boazinha, estaria salva. Eu era boazinha com todos eles, fofos ou não tão fofos. Inteligentes ou o quer que fossem se é que você me entende. Descobri que eu não era realmente vulnerável a nenhum homem, o que não significava necessariamente que eu não fosse íntima. Se eu me permitisse ficar muito perto de qualquer homem, ele poderia me espancar e me repreender como meu pai. Decidi que, para permanecer feliz, precisaria permanecer livre. Lembro-me de dizer a Celeste que nunca iria me casar e me tornei uma namoradeira crônica, desaparecendo quando as coisas ficavam sérias. Aquela era eu quando jovem, com um pássaro na mão e dois voando, se é que você me entende!

Sua cabeça já está girando? Você está pensando: "Pobre garota desiludida? Tão jovem e com tantas crenças próprias. Ela deve ter algum problema mental!" Bem, definitivamente não sou normal. Aprendi isso rapidamente com comentários assim: "Por que você é tão feliz o tempo todo?" "Você usa drogas?" "O que há de errado com você?"

O que está certo comigo é o que minha cabeça diria. Eu responderia a essas perguntas como o ser jovem e um tanto talentoso que eu era. "Sabe, a felicidade é apenas uma escolha. E é o que eu estou escolhendo." Nunca senti a necessidade de me defender, pois pude ver que, como meu pai, as pessoas que me fizeram essas perguntas não eram apenas céticas, mas também profundamente infelizes, sacos tristes e vazios. Então eu nem gastava minha saliva. Eles não poderiam me receber, a menos que eu entrasse na toca do coelho com elas. Nenhuma outra explicação se fazia necessária. Ocasionalmente, eu dizia: "Sim, sou louca. Ah, fazer o quê?" E seguia em frente. Eu não me importava com o que as pessoas pensavam da minha personalidade "feliz e sortuda". Meu pai era o único que podia me ajustar e, quase até o dia em que ele morreu de câncer no cólon, agravado pela diabetes e demência, eu me vi tentando impressioná-lo.

ESCOLHENDO FELICIDADE

Quando eu tinha 15 anos, meu pai disse: "Você é linda agora, mas não é muito inteligente. É melhor você se casar enquanto for jovem." Bem, eu não ia me casar mesmo. Sinceramente, pensei que tivesse sido bem sucedida com este plano, mas depois me vi a caminho do altar duas semanas antes do meu quadragésimo aniversário, com um homem assustadoramente parecido com meu pai.

RUDRANI DEVI

CAPÍTULO 2:

O INESPERADO – PARTE UM

Vamos avançar para novembro de 2008. Eu estava no que considerava a melhor viagem de uma vida. Fui apresentada à meditação quase no minuto em que entrei na faculdade UT Knoxville. Depois de fazer todos os cursos de estudos religiosos oferecidos, decidi que queria viajar para a Índia para ver os ashrams e ter experiências com a cultura de lá. Meu desejo foi atendido quando Linda, uma aluna, cliente e querida amiga minha e da minha clínica, me deu quatro mil dólares para uma aventura em grupo. Foi uma excursão de três semanas com uma organização em que estive por quase 23 anos. Já que a viagem coincidia com o Dia de Ação de Graças, Linda rapidamente decidiu que deveria ir comigo. Depois de combinar que ela conheceria o guru de meditação da Synchronicity Foundation, na Virgínia, ela foi aprovada e fomos juntas na viagem, e até escolhemos dividir o quarto.

RÜDRANI DEVI

Aqui estava eu novamente, escolhendo o que eu queria e sendo verdadeiramente feliz com isso. E daí que o meu casamento era difícil? Naquela época, o de Linda também estava assim e juntas éramos amigas desimpedidas, sem preocupações no mundo. Meditávamos, fazíamos compras, comíamos e desfrutávamos de todas as novas vistas e sons que Mumbai tinha para oferecer. Nossa bagagem foi extraviada, então primeiramente fizemos compras e optamos por comprar roupas típicas da Índia. Eu alternava meus trajes extravagantes – até enrolando um xale na cabeça, por respeito à cultura – com os jeans e camiseta com que cheguei. Felizmente, eu podia usar os serviços de lavanderia todos os dias, e o Oberoi Hotel tinha todas as conveniências incluídas. Linda pegou sua bagagem alguns dias depois. A minha apareceu quatro dias antes do dia previsto para voltarmos.

Então, o inesperado aconteceu.

Você já teve aquele momento em sua vida em que tudo mudou e você sabia que sua vida jamais seria a mesma? Eu tive duas experiências assim. A primeira foi na faculdade. Na noite anterior ao meu primeiro dia de aula, encontrei um amigo um ano mais velho do que eu, e ele sugeriu que visitássemos todas as irmandades durante as festas que elas estavam realizando para encontrar potenciais candidatos de última hora. Passamos por todas as irmandades, parando em todas as casas que pareciam interessantes. Havia uma com uma banda ao vivo e muito ponche. Na irmandade seguinte, as

ESCOLHENDO FELICIDADE

pessoas jogavam pong de cerveja e todos os tipos de jogos com bebida. Acho que tivemos uma balada e tanto. Na manhã seguinte, acordei com uma nota manuscrita praticamente no meu rosto que dizia: "Tentei acordá-la, mas você estava desmaiada e eu tive que ir para a aula".

Imagine o pânico que surgiu e a enorme dor de cabeça que veio com a mistura de álcool, algo que sinceramente eu não sabia que podia acontecer. Meus pais italianos sempre tinham vinho na mesa e, embora isso agora possa ser interpretado como uma educação ruim, mesmo quando eu era muito jovem, eles me serviam um "dedinho" de tinto. Afinal, fazia parte da refeição. Eu já tinha perdido a minha primeira aula no primeiro dia de faculdade e sabia que tinha que me recompor. Peguei minhas coisas e corri descalça do apartamento dela em direção ao campus, percorrendo o caminho da vergonha até o meu dormitório, para fazer uma rápida troca de roupa, tomar uma aspirina e me apresentar no setor de admissões.

Quando cheguei lá, fui informada de que, ao perder aula no primeiro dia, eu teria que esperar até o próximo semestre para me inscrever. Você sabe, sempre havia uma lista de espera para as principais aulas de Comunicação; então, se você perdia a chamada, havia alguém para tomar o seu lugar. Totalmente chateada, me disseram que tudo o que eu poderia fazer então era escolher duas eletivas. Astronomia ou Estudos

Religiosos. Eu escolhi a última, e me disseram que eu precisaria me apressar, pois a aula já havia começado.

Quando cheguei ao prédio e encontrei a porta com o número da sala que eu estava procurando, entrei e entreguei meu papel a um cara aparentemente surpreso e com cara de natureba.

"Acabei de me inscrever." E entreguei o papel a ele.

"Estou vendo," ele respondeu. "Sente-se. Há um lugar ali no canto direito."

Olhei na direção que ele apontava. A classe tinha assentos em elevação, como em um estádio, e todos os 200 e poucos assentos estavam ocupados. Todos, exceto uma carteira para canhotos no degrau mais alto. Tomei meu caminho subindo as escadas, passando pelos zombadores, e fiz o possível para esconder minha vergonha. A carteira pendeu para um lado após eu me sentar e o professor voltou a ministrar a aula que eu havia interrompido abruptamente. Ele descalçou seus sapatos anatômicos, tirou os óculos de aro redondo e sentou-se sobre a mesa de pernas cruzadas.

"Então, não há realmente nada para eu ensinar até iniciarmos a leitura", ele começou. "O primeiro grupo de religiões que vamos estudar serão as tradições budistas. Estas são as páginas que você precisará ler antes de nos encontrarmos novamente em classe. Então, vamos fazer algo divertido. Eu vou conduzi-los em uma

ESCOLHENDO FELICIDADE

meditação guiada tradicional para que vocês possam ter uma ideia dessa cultura."

Naquele momento, um cara de aparência atlética se levantou, bateu seu punho sobre a mesa e declarou: "Isso é blasfêmia! Jesus é meu senhor e salvador!" E com isso, ele saiu de forma intempestiva. Dois outros alunos o seguiram e após o restabelecimento causado pelo incômodo, o professor, em silêncio, em sua maneira muito calma disse: "Bom. Esta aula não é para todos. Agora podemos iniciar."

Fechei os olhos e, enquanto ele falava de uma corrente indo em direção ao oceano, senti como se estivesse indo a um lugar familiar. Meu corpo parecia leve e expandido, e eu não conseguia distinguir meus braços de minhas pernas ou minha respiração do espaço ao meu redor. Então, eu simplesmente apaguei. Eu estava tão cansada por causa da noite anterior, que por uma fração de segundo eu pensei que estivesse dormindo. Então percebi alguém atrás de mim e senti duas mãos tocando meus ombros. O professor estava atrás de mim e se inclinou sussurrando gentilmente: "Sabia que você era uma natural quando entrou."

Abri meus olhos. A sala estava completamente vazia.

Desnecessário dizer que fiz todos os cursos de Estudos Religiosos oferecidos como eletivas e terminei com uma especialização em Estudos Religiosos. Foi quando eu considerei que talvez pudessem existir muitas

RÜDRANI DEVI

estradas que levavam ao topo da montanha, mas a vista do topo era a mesma. Pareceu-me que cada religião estava procurando algo e talvez fosse apenas a jornada. Foi então que percebi que estava tomando o caminho para me tornar totalmente eu. Minha vida mudou para sempre naquele momento e muitas aventuras se seguiriam.

CAPÍTULO 3:

O INESPERADO – PARTE DOIS

A jornada da minha vida me levou a essa viagem à Índia onde tive meu segundo ponto de virada. Relatei toda a história em meu primeiro livro *Soul Survivor: a Healer's Pilgrimage and Homecoming* (Sobrevivente da Alma: a Peregrinação e o Regresso à casa do curandeiro).

Era 26 de novembro de 2008, em Mumbai, na Índia, e Véspera de Ação de Graças nos Estados Unidos. Nosso grupo de meditação aproveitou o dia em uma viagem a *ashrams* diferentes e experimentando a deliciosa cozinha tradicional indiana. Nós teríamos o dia seguinte de folga e eu planejava fazer compras de Natal para familiares e amigos. Então, os últimos quatro dias seriam de meditação silenciosa e *darshan*, a oportunidade de conexão com os seres santos do local. Voltamos de nossas excursões um pouco tarde, e então, em vez de ir a um restaurante italiano perto do hotel que nos foi recomendado como bom, decidimos fazer como de costume e comer no Tiffin, um restaurante recém-inaugurado no saguão. O Oberoi era um hotel de quatro estrelas e todos nos maravilhávamos com os outros clientes do hotel que pareciam a realeza vestida com incríveis *sattvas* e *kurtas* de estilo indiano, adornados com bordados intrincados. Vimos um grande grupo de pessoas que pareciam voltar de um casamento indiano tradicional.

Éramos um grupo de seis pessoas jantando naquela noite, e chegamos muito mais tarde que o resto do nosso grupo, pois a maioria das pessoas já estava se retirando para os quartos. Nós éramos três pares de colegas de quarto, e rapidamente começamos a conversar sobre o quão fabuloso nosso dia tinha sido. Não demorou muito antes de ouvirmos um estouro e Michael, um dos nossos companheiros de viagem, levantou-se para ver qual era o motivo para o tumulto. Ele rapidamente voltou e nos informou que eram apenas *hooligans* locais com fogos de artifício na rua, e que a equipe disse que não havia nada com o que se preocupar.

Nossa comida chegou, mas antes que pudéssemos iniciar o jantar, uma explosão estrondosa surreal de tiros automáticos interrompeu nosso riso. Ficou mais alto e rapidamente percebi que aquilo estava acontecendo dentro do prédio, não eram mais os sutis disparos de antes. Foi o som mais alto que já ouvi. Meus pensamentos rapidamente registraram que quem quer que fosse, provavelmente estava mais do que interessado em alguma figura diplomática hospedada

ESCOLHENDO FELICIDADE

no hotel; afinal, aquele era um hotel chique e víamos a clientela elegante andando pelo saguão com suas comitivas diariamente. "Acho que é isso o que está acontecendo", pensei.

Lembro-me de entrar no piloto automático, dizendo aos meus amigos para irem para baixo da mesa rapidamente e se fingirem de mortos. O que parecia uma eternidade, no total durou talvez uns vinte minutos antes de eu ser arrastada para a cozinha. Dois dos meus amigos foram mortos, no estilo execução. Os quatro que restaram de nós acabaram conseguindo sair. O restante dos 40 clientes do Tiffin não tiveram tanta sorte. Meu tríceps direito havia sido atingido e meu pescoço estava inchado por uma bala que roçou minha garganta. A bala que entrou na minha perna direita quebrou o osso e eu deitei na minha artéria femoral. Eu me vi saindo do corpo várias vezes. De fato, foi a partir dessa perspectiva que, mais tarde, me lembrei dos dois atiradores e os identifiquei para o FBI. Pareciam crianças, usando mochilas, com um arsenal imenso amarrado aos seus corpos minúsculos. O cerco continuou a partir da noite de 26 de novembro até o dia 29. Os 10 terroristas do Lashkar-e-Tabiba Islamic acabaram matando 164 pessoas em Mumbai e ferindo outros 308. Todos, exceto um terrorista, morreram. O único agressor sobrevivente, Ajmai Kasab, foi capturado antes que pudesse tomar a pílula de cianeto que todos eles haviam sido instruídos a engolir para não serem levados vivos. Posteriormente, ele foi julgado e condenado à morte. Mais tarde, a mídia chamaria o ocorrido de ataque terrorista paquistanês, 26/11 ou o massacre de Mumbai.

E assim, meu segundo ponto de virada na vida aconteceu com três balas e, desta vez, tudo realmente mudaria. Meu frágil casamento se desfez.

Minhas profundas amizades com minha comunidade de meditação terminaram abruptamente. Eu tive que fechar imediatamente as portas da minha clínica e partir para me recuperar daquele sofrimento que consumiria mais de dois anos da minha vida. Eu vendi meus três acres de propriedade no lago na Virgínia, esvaziei meus fundos de pensão e todas as minhas economias de uma vida e comecei a vender tudo o que pude para não perder minha casa.

Sim, no começo deste livro, eu disse que eu mesma me considerava uma das pessoas mais sortudas que conheço, e definitivamente um tanto otimista. Eu ainda sou assim. Como narrei em meu segundo livro, *For the Love of Running: a Marathoner's Journey from Victim to Victory* (Pelo amor à corrida: a jornada de uma maratonista, de vítima à vitória), demorou quatro meses após correr a Maratona de Boston antes de eu realmente ter um momento para olhar para trás e ver o que eu tinha vivido. Passei metade da minha recuperação em uma cadeira de rodas, usando-a para me locomover até eu conseguir andar novamente. Estranhamente, eu me vi agradecendo aos terroristas

ESCOLHENDO FELICIDADE

por me tirarem de uma situação exaustiva com meu sócio na clínica e com meu parceiro no casamento. Eu posso ter algumas cicatrizes, tanto fisicamente quanto mentalmente, mas eu me recuperei. Eu não jogaria fora minha segunda chance. Desta vez, meu objetivo seria me divertir e aproveitar minha vida, que era o que eu havia planejado inicialmente quando fui para a faculdade. No final, contemplei as vezes em que me senti mais feliz. Já fazia muitos anos. Mesmo durante minha infância abusiva, encontrei alegria de muitas maneiras surpreendentes. Aqui eu estava no meio da minha vida, me perguntando o que eu poderia criar a partir deste ponto para continuar buscando o meu alvo de felicidade.

Então me lembrei de um enunciado aclarador energético que meu amigo quiroprata havia me dado. Aquilo era longo e maçante, mas foi projetado para me tirar da minha mente lógica quando me sentia confusa, e sempre fazia com que eu me sentisse mais leve. Eu me peguei vasculhando meus arquivos, determinada a encontrá-lo. Com certeza, estava lá com o título de "enunciado aclarador". A empresa era Access Consciousness, então meu próximo passo foi navegar na internet e ver o que eu poderia encontrar. Com o Universo, de maneira perfeita, sempre me apoiando, eu fui capaz de localizar a empresa e encontrei uma classe em Franklin, a apenas 30 minutos da minha casa. Fui com a intenção de simplesmente fazer uma classe de Barras, mas fui rapidamente sugada e me inscrevi nos quatro dias da classe O Fundamento que se seguiu depois disso. Eu aprendi várias ferramentas que mudaram tudo para mim, e percebi naquele momento que a energia era meu primeiro idioma. Minha prática mudou drasticamente, e com o tempo, junto com muito apoio da minha mãe, pude pagar todas as minhas despesas médicas e criar uma vida que eu nem sequer sabia que existia.

Agora, olhando para trás, percebo que aqueles cinco dias de classes também mudaram completamente minha vida. Isso foi em 2012, no ano seguinte à minha corrida na Maratona de Boston. E a cada ano eu me sinto cada vez mais feliz. Como? – você vai perguntar. Eu escolho isso! Eu escolhi para mim primeiramente e decidi que se aquilo não me trouxesse alegria, então eu faria e escolheria algo diferente. E isso, meus amigos, é a premissa deste livro. E se a felicidade fosse apenas uma escolha? E se você pudesse ser feliz simplesmente decidindo que isso é o que você realmente desejou? E se isso realmente fosse simples? Considere-me como exemplo, provavelmente sou a candidata menos provável para gerar tanta alegria a partir de tanto trauma, mas então, como eu disse no começo, sou diferente. E você, também é?

As ferramentas de Access Consciousness foram minha maneira de navegar na minha jornada para a felicidade e agora eu gostaria de compartilhar isso com você.

ESCOLHENDO FELICIDADE

O mantra de Access Consciousness é: "Tudo na vida vem a mim com facilidade, alegria e glória." Digo isso 10 vezes todas as manhãs e todas as noites, e isso certamente parece ter criado minha vida dessa maneira. Os cofundadores de Access Consciousness, Gary Douglass e Dr. Dain Heer, queriam criar nosso mundo como um lugar mais consciente, para que pudéssemos criar mudanças em nós mesmos e aumentar a possibilidade de mudar os traumas, dramas e insanidades presentes em nossas vidas. Eles sabiam que a consciência seria a possibilidade para este planeta eliminar todos os muros de separação que tinham sido criados. E assim, é meu objetivo, no resto dos meus anos neste planeta, incorporar tanta consciência em tudo que escolho fazer que talvez outros possam escolher o mesmo. E se eu pudesse ser o exemplo e a inspiração para possibilidades mais grandiosas; afinal, eu era a fonte para criar a mudança que desejava pelas escolhas que fiz até agora. O que eu poderia criar e gerar agora? Tudo começa com a escolha.

RŪDRANI DEVI

CAPÍTULO 4:

UM SER INFINITO VERDADEIRAMENTE ESCOLHERIA ISSO?

Escolher a felicidade parece simples, mas se fosse fácil assim, você já não teria escolhido isso, juntamente com o resto do planeta? Vou compartilhar com você 10 ferramentas de Access em que me baseio para viver, e são essas ferramentas que criaram o roteiro para a minha felicidade crescente.

Em toda a minha jornada espiritual, tive muitos pontos de vista que mudaram constantemente. Eu sempre segui a energia para criar minha vida, mesmo que parecesse não me levar a lugar nenhum. Se algo parecesse leve e meu corpo se sentisse animado, eu seguia nesta direção. Se parecesse pesado, o oposto era verdadeiro para mim. O resultado, mesmo que levasse meses ou anos, se revelaria depois. Dito isso, representei um diretor que acabou sendo um dos produtores executivos e diretores da série Os Sopranos da HBO. Antes da exibição do programa, ele me enviou o episódio piloto e havia uma cena em particular que me sacudiu. Foi a cena em que Tony, o personagem de James Gandolfini, está em um bar comendo macarrão com alguns membros da família criminosa. Ele sabe que um ataque está prestes a acontecer. Então, quando o atirador entra no bar, e nós, como público, estamos na expectativa disso, Tony grita: "Vá para baixo da mesa!" O pessoal dele cai ao chão e o alvo desavisado é retirado.

Esse episódio foi particularmente perturbador para mim, e ainda assim, é coincidência que meu amigo diretor tenha me enviado esse episódio? Eu não tinha HBO. Aquele era apenas um golpe de sorte já que eu responderia exatamente da mesma maneira quando me vi em uma situação semelhante, salvando minha vida e possivelmente a vida de três dos outros cinco amigos sob minha mesa? Eu prefiro acreditar que era o universo me preparando cuidadosamente, conectando Allen Coulter e eu, quando eu era representante de um diretor com quem eu mantinha a amizade, mesmo depois de não mais representá-lo, mas para que eu tivesse as informações de que eu precisava para me manter viva.

Eu me considero um ser infinito, não apenas simplesmente este corpo que o anima no mundo. Se o Universo é infinito e onisciente, não significa que eu, como um ser infinito, também sou onisciente? Como

ESCOLHENDO FELICIDADE

eu poderia ser finito? De alguma forma, mesmo que eu não soubesse disso naquela época, sabia que um dia minha conexão com Allen me daria as ferramentas que eu precisaria para permanecer viva.

Então, a primeira ferramenta que eu gostaria de compartilhar com você é:

UM SER INFINITO VERDADEIRAMENTE ESCOLHERIA ISSO?

Esta ferramenta incrivelmente fácil é superútil. Sempre que tenho que tomar decisões, principalmente se parecerem pesadas ou em que me sinto estagnada para escolher, faço a pergunta: "Um ser infinito escolheria isso por qual motivo?" Se minha escolha não criar e gerar para mim e para os outros, por que, como um ser infinito, eu escolheria isso? Escolher algo que não cria se torna um universo sólido e finito de limitação. Consequentemente, fazendo escolhas como o ser infinito que sou, mesmo que não faça sentido superficialmente, se eu perceber que isso criará mais, então estou dentro. Eu sigo a energia disso.

Aqui está o melhor exemplo disso na minha vida pessoal. Em algumas ocasiões, presenteei alguém com uma classe, sabendo que essa pessoa não tinha fundos para tal, mas que isso mudaria a vida delas. Elas estavam prontas para receber o presente. Só ofereço isso quando parece leve, o que não é frequente. Às vezes, não é uma gentileza presentear uma pessoa quando ela não está pronta, ou talvez não esteja interessada. Nessas circunstâncias, em vez de me sentir confusa, faço a pergunta, como um ser infinito: "Se eu oferecer isso, o que isso criará?" Isso poderia mudar a vida delas a ponto de tudo melhorar não apenas para elas, mas para todos os que as rodeiam? Elas poderiam ficar tão conscientes a partir desta classe que se tornariam uma inspiração para que outros quisessem criar o mesmo? Isso não cria um planeta mais consciente quando há mais pessoas conscientes nele? SIM! Não é mental! Assim, um ser infinito escolheria isso porque cria e gera mais consciência não apenas no mundo delas, mas a longo prazo, no meu mundo também. Compartilhamos este planeta, embora a maioria de nós não aja dessa maneira.

Você consegue ver como criar mais consciência me faria feliz? É um pouco egoísta de minha parte, mas é uma situação ganha-ganha.

Uma aluna, que se tornou amiga, acabou trocando serviços comigo por sessões energéticas e classes de Access. Aparentemente era uma pessoa qualquer, que conheci ocasionalmente no consultório de uma esteticista. Eu me lembro de ter escolhido aquele local ao seguir a energia. "Leve" me levou a este ser gentil que tinha muitas habilidades, era mãe de dois filhos e uma pessoa muito aberta para criar outras possibilidades para ela e para a família dela. Ela e o marido estavam batalhando muito, e eu percebi que a frustração era real

ESCOLHENDO FELICIDADE

para ela. Fiz algumas sessões com ela e, futuramente, ela veio até mim e fez uma classe de BARRAS de Access.

O que é isso? – você pergunta. É a primeira classe oferecida por Access Consciousness. Na minha experiência como praticante energético, os pontos das BARRAS funcionam de maneira semelhante aos meridianos no gráfico de um acupunturista. Existem 32 pontos em sua cabeça que, quando tocados com suavidade, liberam sem esforço e facilmente quaisquer pensamentos, sentimentos e emoções que não permitem que você receba. Esses pontos contêm todas as ideias, crenças e considerações que você armazenou em qualquer vida. Para a maioria dos clientes iniciantes em uma sessão de BARRAS, é a primeira vez que eles se permitem receber de outra pessoa, além de uma relação sexual.

OBSERVAÇÃO: há mais informações sobre Access Consciousness e as Barras de Access ao final deste livro.

Essa amiga e eu trocamos sessões energéticas e várias das classes de Access que facilitei. Foi uma troca de contribuições mútuas para nós duas. Um dia, bastante perturbada, ela expressou uma nova conscientização de que seu marido não estava pagando a prestação da casa há vários meses e que eles estavam em risco de execução da hipoteca. Perguntei imediatamente se seria uma contribuição facilitar algumas opções para ela e, como parecia leve, tivemos uma conversa. Por meio de uma série de perguntas, trazendo à tona o que era leve ou pesado em cada caso, percebemos que era tarde demais para tentar vender a propriedade. A falência foi a escolha mais leve e, embora no passado eu pudesse ter um ponto de vista interessante sobre isso, por ser leve, estudamos essa opção.

E então, ao refletir sobre isso, fiz a pergunta: "Um ser infinito escolheria se envolver por qual motivo?" Um ser infinito não tem nenhuma agenda. Eu não tinha agenda. Minha amiga havia escolhido suas circunstâncias em algum nível, optando por não estar ciente do que estava acontecendo. Mas pude perceber que ela estava em um lugar onde queria criar algo diferente. Ela se deu conta, talvez, no meio de seu choque e consternação, de que ela não tinha todas as ferramentas que poderiam ajudá-la a navegar pelas etapas mais generativas a serem tomadas para sair dessa situação. Mas ela veio até mim e expressou seu medo do que poderia acontecer a seguir. Então, fiz a pergunta novamente: "Um ser infinito escolheria se envolver por qual motivo?" Um ser infinito precisaria se envolver? Não.

Mas, e se eu pudesse criar uma possibilidade diferente para ela e a família dela, contribuindo com meu tempo e consciência? E se isso mudasse a vida de todos os envolvidos – dela, do marido e dos filhos dela? Parecia extremamente leve, então eu continuei. Sem agenda. Como isso me ajudaria, exceto saber que eu contribuí para uma amiga necessitada que estava em uma situação de mudança, que poderia receber isso e tomar as ações

ESCOLHENDO FELICIDADE

requeridas para mudar as coisas no universo dela? Quem sabe o que mais isso poderia criar, não apenas para o futuro deles, mas para a vida de outras pessoas que eles podem tocar com essa experiência?

Um pessimista pode dizer algo como: "Algum de vocês lendo essas palavras conheceu alguém que era uma eterna vítima?" Não importa o que você tentou fazer para ajudá-la, parecia que ela não queria respostas e simplesmente queria continuar a ser vista como a "vítima das circunstâncias". Você já reparou que, em alguns casos, essas pessoas realmente usam a vitimização como uma forma de vitimizar e controlar você? É como se o desamparo delas fosse a maneira de fazer com que você cuide delas.

Bem, isso poderia ter sido verdadeiro aqui também; e se essa tivesse sido a situação nesse caso, e se parecesse pesada, eu provavelmente teria consentido e concordado que a vida dela estava em frangalhos e observado que ela e sua família perderiam anos de pagamento da casa própria. Isso me torna uma pessoa indiferente? E se não dar significância à escolha de alguém fosse a coisa mais gentil que você pudesse fazer? Você pode não se alinhar e concordar com a decisão deles. Mas você pode estar na permissão de que eles estão escolhendo o resultado? Vamos falar mais sobre permissão posteriormente.

Naqueles 10 segundos, senti que ela estava pronta para a mudança. Ficou claro no minuto em que começamos a viver na pergunta sobre o que mais era possível para mudar a situação dela. Então, montei uma página do GoFundMe para minha amiga e, em 48 horas, eles tinham dinheiro para declarar falência e, com isso, tiveram tempo de colocar a casa deles no mercado. Sem perda de capital e sem mais ter que priorizar as refeições em detrimento da gasolina. A publicação do GoFundMe no Facebook trouxe outras pessoas que queriam ajudar. Logo, pessoas totalmente desconhecidas estavam doando presentes de Natal para os filhos pequenos dela e vale-presentes de supermercados locais.

Observe que a maioria dos atos altruístas vem de um lugar sem agenda. E se escolher auxiliar em uma situação viesse de um senso inato de "que contribuição posso ser nesta circunstância?" Talvez esses sejam os momentos em que entramos em nossas infinitas capacidades e desistimos das conclusões finitas que escolhemos como reais e verdadeiras. E se o nosso mundo funcionasse dessa maneira em vez de "O que há aqui para mim?"

Um dos seres infinitos mais generativos que conheço é Ellen DeGeneres. Talvez o nome dela deva ser Ellen, a Generosa. Ela está sempre mudando vidas sem nenhum ganho pessoal, exceto talvez pela sensação gratificante de ter a capacidade de fazer isso. Ela sabe que o envolvimento dela cria e gera para aqueles que podem não ter o poder de criar por conta própria. E essa contribuição muda a realidade das pessoas para algo que não existia antes. O mantra dela é "SEJAM GENTIS UNS COM OS OUTROS". Você poderia dizer que Ellen

ESCOLHENDO FELICIDADE

é uma capitalista benevolente. Em meu ponto de vista interessante, se todos nós pudéssemos assimilar uma página do Livro de Ellen, nosso mundo seria realmente um lugar mais gentil e carinhoso.

Definição de benevolente: marcado por ou disposto a fazer algo bom

um doador benevolente

Definição de capitalista: uma pessoa que possui capital investido especialmente em negócios (ou em pessoas)

capitalista industrial

Estar no espaço de "Um Ser Infinito escolheria isso de verdade" é libertador e definitivamente uma fonte de alegria e felicidade para mim, pessoalmente. Isso elimina todo o trabalho de adivinhação de qualquer situação em que você possa se sentir preso ou como se não tivesse escolha. Então, meu amigo, convido você a considerar viver nesta pergunta e ver aonde ela o leva. Você pode se surpreender com a liberdade dessa ferramenta. Mas você não saberá, a menos que escolha isso.

CAPÍTULO 5:

TUDO É APENAS UM PONTO DE VISTA INTERESSANTE

Aqui está uma pergunta de que eu gosto, que meu mentor, Gary Douglas, lança como uma proverbial carcada: "Você quer aprender a ter liberdade ou quer fingir que quer liberdade?"

Esta pergunta está sendo feita ao ser que decidiu que é a vítima e não tem saída. Ponto de vista interessante, não é? E isso nos leva à próxima ferramenta para encontrar a ALEGRIA.

TUDO É APENAS UM PONTO DE VISTA INTERESSANTE

Se você não tivesse um ponto de vista sobre nada em sua vida, como seria sua vida? Se você não desse significância à forma como pensa que as coisas deveriam ser ou parecer, o que isso poderia criar para você? E se fôssemos mais parecidos com nossos cães e gatos em relação aos nossos pontos de vista? Quando um animal de estimação sofre, você acha que ele tem um ponto de vista sobre isso? Verdade? Mas quantas pessoas você conhece que vivem sempre baseadas em um momento da vida em que sofreram ou ficaram doentes e se identificam com o ponto de vista sobre o que aconteceu até que pareça que elas não podem ir além disso?

Eu posso dar exemplos. Lembro-me de quando meu marido me deixou dois dias após a cirurgia no joelho, porque, nas palavras dele, ele não "pediu por isso". Ele estava se referindo a mim sendo baleada por terroristas e precisando ser cuidada. No ponto de vista interessante dele, ele não havia se inscrito para isso quando nos casamos. Na saúde ou na doença não incluímos "minha esposa nunca mais vai andar de novo". As palavras finais dele, antes de sair pela porta, foram: "Se você tivesse morrido na Índia, eu a amaria para sempre." Ponto de vista interessante, você não acha?

Eu voltei a andar e, posteriormente, consegui o máximo uso da minha perna direita. Mas, neste intervalo, o recado interessante que obtive foi que todos os homens são péssimos. Ponto de vista interessante, eu tinha esse ponto de vista. Como sabemos, nem todos os homens são péssimos, mas esse foi o meu ponto de vista por um bom tempo durante minha jornada de cura total do meu corpo. Eu não conseguia nem olhar alguém do sexo oposto nos olhos. Eu assumi que todos eles tinham a mesma propensão a largar tudo quando as coisas

ESCOLHENDO FELICIDADE

ficavam difíceis. Esses sentimentos foram exacerbados quando, pouco depois de me deixar, ele engravidou a namorada e se casou. Ele agora tem dois filhos.

Como eu saí dessa realidade sem escolha de que os homens são um saco? Bem, ao usar a ferramenta "Ponto de vista interessante, eu tenho esse ponto de vista", percebi que meu ponto de vista estava criando uma opinião que eu não conseguia superar. Se eu pudesse chegar ao ponto de "não ter nenhum ponto de vista", sabia que poderia criar algo maior. Esse ponto de vista de que "homens são um saco" não iria contribuir para mim e, de fato, me manteria presa no julgamento não apenas a respeito dos homens, mas de mim mesma, caso eu decidisse considerar os relacionamentos românticos novamente. Você pode perceber como isso é limitante? E poderia não ser verdade. Além disso, dois dos meus homens favoritos no mundo contribuíram tanto para mim que a palavra "saco" não poderia se aplicar a eles. Estou falando dos dois homens aos quais dediquei este livro, Gary M. Douglas e Dr. Dain Heer. Eles criaram Access Consciousness e essas ferramentas – que estou compartilhando com você neste livro – que me levaram de volta à minha verdadeira natureza de ser um ser feliz novamente.

"Ponto de vista interessante, eu tenho esse ponto de vista" é saber o que é verdadeiro para você. Isso o leva ao lugar onde você não precisa comprar a realidade de ninguém. Só porque é o ponto de vista deles, isso não se torna real ou verdadeiro para você. Captou o que estou dizendo? Por que você gostaria de tornar algo do mundo de outra pessoa significativo em seu mundo? E se você optar por não tornar nada significativo em seu mundo, apenas percebendo-o como um ponto de vista interessante, imagine a liberdade que você poderia sentir? E se você pudesse apenas dizer: "Ponto de vista interessante, eles têm esse ponto de vista?" Algo que funciona para eles pode não ser algo que funciona para você. Essa é uma avaliação muito fácil. Se estiver leve, talvez seja algo a considerar. Se for pesado, é óbvio, siga o seu caminho. Tornamos as coisas importantes em nossas vidas para que possamos julgá-las e, com isso, possamos descartá-las. Eu realmente queria passar o resto da minha vida dispensando a população masculina? Não. Isso definitivamente não estava funcionando para mim.

E agora me permita compartilhar a segunda parte desta ferramenta. Em Access Consciousness ela é chamada de "O Enunciado Aclarador", e para uma definição completa dela você pode acessar: www.theclearingstatement.com.

Uma pequena história de como descobri o enunciado aclarador. Eu tinha uma parceria com um quiroprata em 2003, quando vendíamos vitaminas de alta performance. Um dia, ele me disse que havia descoberto uma frase mágica que poderia liberar qualquer coisa em que eu estivesse me sentindo presa. Aquilo me

ESCOLHENDO FELICIDADE

pareceu estranho à época, que eu poderia pedir que algo mudasse na minha vida e, depois de dizer ou ler este longo enunciado aclarador e, *voilà*, magicamente isso seria liberado. Pensei: "Em que grupo de loucos ele se meteu?" Mas eu o anotei. Embora ele fosse meio desajeitado e um pouco esquisito, eu podia sentir uma mudança toda vez que eu o usava.

Acabei arquivando a frase longa e, depois de um tempo, me esqueci dela. Só depois que meu casamento terminou oficialmente, que eu corri a Maratona de Boston e escrevi dois livros, que me lembrei daquela estranha e mágica frase longa que poderia mudar as coisas só por eu dizer aquilo. Onde eu a havia colocado? Felizmente, sou aquela pessoa que guarda as coisas que acho que posso usar um dia e, após cerca de vinte minutos de busca, lá estava ela. Estava em duas páginas e ainda não fazia sentido para mim, mas eu podia sentir meu corpo relaxar enquanto lia as palavras. No topo do papel impresso com o regulamento da faculdade, eu havia escrito as palavras "Access Consciousness". Estávamos em 2012 e tínhamos o Google, então pesquisei e descobri que o enunciado aclarador havia sido bastante abreviado. Ainda não fazia sentido, mas novamente eu pude sentir uma mudança de energia quando dizia isso. Minha mente lógica e solucionadora de problemas não foi capaz de obter clareza sobre quase tudo na minha vida, então, novamente, segui a energia, criando e gerando as mudanças que eu estava aparentemente procurando, mesmo que eu não conseguisse tocar aquilo.

Finalmente entendi que o enunciado aclarador foi elaborado para contornar a mente lógica e pensante e que traria à tona as energias estagnadas que estavam me mantendo inconsciente. O objetivo da pergunta era trazer o máximo possível da energia de limitação e julgamento sobre qualquer ponto de vista que eu quisesse liberar e depois destruí-los com o enunciado aclarador. E eu nem precisava dizer isso em voz alta.

Então, me permita compartilhar esta frase dinamicamente mágica com você, para que você possa experimentá-la em si mesmo. É assim:

Certo e Errado, Bom e Mau, POD e POC, Todas as 9, Curtos, Garotos e Aléns.

Novamente, você tem o site para obter mais informações.

Juntar o enunciado aclarador com a ferramenta "ponto de vista interessante" pode muito rapidamente, não apenas tirar você do julgamento, mas também levá-lo a um lugar de verdadeira liberdade e felicidade. Deixe-me compartilhar mais sobre como pude sair do meu ponto de vista limitante e de julgamento: "Homens são um saco!".

Ponto de vista interessante, eu tenho o ponto de vista de que todos os homens são um saco. Tudo o que isso é,

ESCOLHENDO FELICIDADE

e tudo o que isso traz à tona para mim, eu agora estou disposta a destruir e descriar, vezes um deusilhão. Certo e Errado, Bom e Mau, POD e POC, Todas as 9, curtos, Garotos e Aléns.

Coloquei essa afirmação em um *loop* silencioso todas as noites por vários dias, e de repente percebi que minha personalidade havia mudado. Fiquei mais à vontade comigo mesma e muito mais aberta. Não era como se um interruptor tivesse sido acionado da noite para o dia, mas eu estava percebendo os homens e gostei daquilo. E, estranhamente, eu estava me notando mais. Sem todos esses pontos de vista para atrapalhar, eu estava livre para começar a realmente viver minha vida novamente. Sempre que algo me deixava estagnada, eu imediatamente aplicava "ponto de vista interessante, eu tenho esse ponto de vista". Ou se o ponto de vista de outra pessoa me pegasse de surpresa, eu aplicava "ponto de vista interessante, ela tem esse ponto de vista". Ou melhor ainda: "ponto de vista interessante, eu tenho esse ponto de vista sobre o ponto de vista dessa pessoa".

Perceba que o enunciado aclarador, juntamente com o ponto de vista interessante, sugere que essa seja uma maneira diferente de perceber, saber, receber e ser em sua vida. E se não houvesse certo ou errado, nem bom ou mau? E se tudo fosse apenas um ponto de vista interessante?

Então eu lhe convido a considerar viver como "ponto de vista interessante" nos próximos dias, talvez até

RŪDRANI DEVI

criando alguns processos aclaradores para as coisas que não estão funcionando em sua vida, e veja se consegue perceber uma mudança. Ou não. É apenas uma escolha que pode libertar você.

CAPÍTULO 6:

VIVA EM INCREMENTOS DE 10 SEGUNDOS

Essa realidade é tão engraçada para mim, não é de admirar que eu fique rindo o tempo todo. É assim: Deus nos deu a única coisa que não desejamos, o LIVRE ARBÍTRIO que, no meu entendimento, é a capacidade de escolher qualquer coisa, quer faça sentido para outra pessoa ou não. Isso me traz de volta à pergunta anterior, que me fizeram quando eu era muito mais jovem e me permitia ter mais livre arbítrio. "Por que você está tão feliz?" E eu dizia: "Porque eu escolho ser feliz". Fazia mais sentido do que optar por não ser feliz. Não importava que ninguém mais entendesse. Não importava se algumas pessoas tivessem o ponto de vista de que eu estava delirando ou usando drogas para ser tão livre na minha expressão de exuberância. Bem, suponho que no ponto de vista interessante delas, de fato as pessoas não tinham livre arbítrio para escolher algo diferente.

É aí que entra a próxima ferramenta que vou compartilhar com você. Alguns podem chamar assim, no popular, 'vivendo no aqui e agora'. Access Consciousness chama assim:

VIVENDO EM INCREMENTOS DE 10 SEGUNDOS.

E se você percebesse que pode escolher coisas que outras pessoas escolhem não escolher? Como felicidade? Talvez, no ponto de vista interessante delas, elas não tenham a capacidade ou o direito de escolher por causa de suas responsabilidades ou religião, portanto, elas não escolhem. É quase como se elas estivessem esperando o merecimento de algo para escolher. Como você cria uma vida se acha que não pode escolher por um motivo ou por outro? Escolha interessante não escolher algo diferente. Ponto de vista interessante que as pessoas têm esse ponto de vista.

E se viver em incrementos de 10 segundos o colocasse na energia e no espaço de sempre criar sua vida? Se algo não funciona para você nesses 10 segundos, você sempre pode escolher novamente e novamente e novamente até que funcione para você. E então, talvez em uma semana, isso pare de funcionar para você, mas adivinhe? Você tem o livre arbítrio para escolher novamente. Não é muito legal?

Em vez disso, o que vejo são pessoas vivendo a partir de suas projeções e expectativas, destruindo

ESCOLHENDO FELICIDADE

as possibilidades que poderiam estar escolhendo se estivessem vivendo em incrementos de 10 segundos.

Durante anos, tive um ponto de vista muito interessante de que não era talentosa o suficiente, ou que não possuía as capacidades ou habilidades necessárias para facilitar além de uma classe energética de um dia. Eu dizia às pessoas: "Adoro ensinar, mas esses cursos longos não são para mim." Entretanto, fui anfitriã de inúmeras classes de quatro dias de O Fundamento, e ficava surpresa com o quanto eu já sabia a respeito do que o facilitador estava falando. Uma das minhas queridas amigas de Access Consciousness, que havia participado de quase todas as aulas que eu havia ministrado ou sido a anfitriã, me perguntou: "Quando você vai ministrar esta classe O Fundamento?"

"Isso não é para mim!" Me rebelei novamente e, ainda assim, ela persistiu silenciosamente. "O que se requer para criar e gerar isso?"

Por que eu não estava escolhendo isso? Isso era realmente pesado naquele incremento de 10 segundos? Na verdade, não, então por que a resistência? "Todos os pontos de vista que eu tenho acerca do que se requer para facilitar a classe O Fundamento, eu destruo e descrio, vezes um deusilhão. Certo e Errado, Bom e Mau, POD e POC, Todas as 9, Curtos, Garotos e Aléns."

Algo começou a se movimentar. Ponderei mais e, enquanto dirigia com destino a Paducah para facilitar

RÜDRANI DEVI

mais uma Classe de um dia de Barras de Access, um *workshop* e dois processos corporais – além de outro *workshop* de um dia –, contemplei por alguns incrementos de 10 segundos: "O que se requer se eu escolher isso?" Outra ferramenta no Access Consciousness é: "Como seria minha vida em cinco anos se eu escolhesse fazer isso?" Se fosse leve para mim, independentemente do que criasse, eu iria nessa direção. Eu usei essa pergunta em encontros românticos e, embora não tenha criado "o" relacionamento, tive muitos encontros para café ou uma bebida nos quais, talvez não houvesse química, mas havia algo para guardar como experiência. Eu sempre saio com algo que não teria obtido se não tivesse ido ao encontro.

E então, lá estava eu, dirigindo para Paducah, vivendo na pergunta a cada 10 segundos. "O que seria necessário para eu criar isso? Como seria minha vida em cinco anos se eu escolhesse ser uma Facilitadora Certificada de Access? Veja bem, se eu optar por me tornar CF, não só poderia facilitar a classe O Fundamento de Access Consciousness de quatro dias, mas também uma infinidade de outras classes que poderiam ser divertidas de facilitar."

Então recebi a conscientização de escrever diretamente para o Gary: "O que se requer para eu estar na Costa Rica em 10 dias para o treinamento de Facilitadores Certificados?"

ESCOLHENDO FELICIDADE

Eu não esperava a resposta aparentemente imediata dele: "Não pare de perguntar."

Não parei. Eu tinha uma hora para chegar a Paducah a tempo de dar a aula de meditação daquela noite. O tráfego estava lento em alguns pontos, o que acrescentou 90 minutos ao meu tempo de viagem e lá estava eu, um fluxo de declarações constantes. Levei a vida em incrementos de 10 segundos a um nível totalmente novo. A escolha de viver na pergunta me deixou tão leve que, a cada 10 segundos, aquilo clareava cada vez mais, e ao perceber a ideia de ser uma CF e facilitar classes mais longas, fiquei feliz com a ideia de escolher, perceber e ser isso! Como pode melhorar?

Cheguei bem a tempo de facilitar a aula de meditação e, na manhã seguinte, compartilhei meu desejo de escolher ser mais do que uma facilitadora de Access Consciousness de apenas um dia. Havia quatro pessoas na classe que disseram que estariam interessadas em eu vir a Paducah e facilitar O Fundamento, e que pagariam adiantado para me levar até lá. O treinamento de facilitador certificado na Costa Rica é um compromisso financeiro que, depois de tudo dito e feito, juntamente com os pré-requisitos, me custaria quase 10 mil dólares. Quatro alunos cobririam isso? Não. Mas nesses 10 segundos e nos vários seguintes, aquilo parecia superleve. E toda vez que eu perguntava como seria minha vida se eu escolhesse, era como se minha cabeça estivesse nas nuvens.

RŪDRANI DEVI

Então, naqueles 10 segundos, escolhi isso.

A parte legal do Universo é que ele quer nos presentear. Não se trata de merecimento. Você merece respirar o ar? Ele está lá para todos, sem julgamento de quem merece inspirá-lo. Escondida nas profundezas da Bíblia há esta frase de que gosto bastante: "Peça e receberá." Nenhuma afirmação jamais foi tão verdadeira para mim, desde que eu não julgue se posso criar algo ou não, ou se mereço ou não. É só pedir. Uma vez que o pedido estivesse feito, era como se o Universo estivesse se desdobrando para criar e gerar o que eu estava pedindo. A parte legal é que as coisas nunca apareceram como eu imaginava que seriam.

Caso em questão, era requerido que eu pagasse 5.800 dólares antes de chegar à Costa Rica para o treinamento intensivo de uma semana para facilitador. Normalmente, eu estaria arrecadando dinheiro em uma vaquinha coletiva para um pagamento tão grande, mas, neste caso, eu apenas escolhi isso, e assim a criação começou. Eu havia juntado apenas 2.100 dólares de meus futuros alunos encorajadores; portanto, a cada 10 segundos, perguntava o que mais era possível. A primeira coisa que apareceu foi um cartão de crédito sem juros por 10 meses após o pagamento inicial de 1,99% adiantado. Pagando 110,20 dólares adiantados, era assim que o Universo me ajudaria a criar essa classe?

ESCOLHENDO FELICIDADE

Isso me fez lembrar da história de afogamento em que um sujeito estava preso no telhado durante uma inundação e pediu a Deus para ajudá-lo.

Ele rezou pela ajuda de Deus. Em instantes, um homem em um barco a remo apareceu e gritou para o homem no telhado: "Pule, eu posso salvá-lo."

O sujeito encalhado gritou de volta: "Não, está tudo bem, eu estou orando a Deus e ele vai me salvar."

Então o barco a remo foi embora.

Então apareceu uma lancha. O homem no barco gritou: "Pule, eu posso salvá-lo."

Para este, o sujeito encalhado disse: "Não, obrigado, eu estou orando a Deus e ele vai me salvar. Eu tenho fé."

E a lancha foi embora.

Apareceu, então, um helicóptero e o piloto gritou: "Agarre esta corda e vou içá-lo em segurança."

Para este, o homem encalhado respondeu: "Não, obrigado, eu estou orando a Deus e ele vai me salvar. Eu tenho fé." E o helicóptero, relutantemente, voou para longe.

Logo a água subiu acima do telhado, o homem se afogou e foi para o Paraíso. Ele finalmente teve a chance de discutir toda essa situação com Deus, quando exclamou:

RÜDRANI DEVI

"Eu confiava em você, mas você não me salvou, deixou que eu me afogasse. Eu não entendo o porquê!"

E então, Deus respondeu: "Enviei um barco a remo, uma lancha e um helicóptero, o que mais você esperava?" Então, eu me perguntei naqueles 10 segundos: "É assim que o Universo vai me ajudar a criar essa classe? O que mais é possível agora?

Decidi verificar meus saldos no Venmo e PayPal, e lá estava. Eu não usava o crédito no PayPal desde que comprei meu biotapete para minha prática holística de assistência médica, e lá estavam os 5 mil dólares à minha disposição, sem juros, se eu os pagasse em seis meses. Nos 10 segundos seguintes, perguntei novamente: "O que mais é possível agora? O que seria necessário para o crédito do PayPal me permitir pegar um empréstimo deste valor?"

Preenchi a solicitação de crédito e ela foi concedida em segundos. Peça e você receberá. Você simplesmente não pode julgar como isso vai aparecer.

Ao viver em incrementos de 10 segundos você sempre estará criando sua vida. A expectativa e as projeções de como isso deve aparecer sempre interromperão sua criação ou destruirão as criações que você poderia estar fazendo. Foi apenas uma opção escolher nesses 10 segundos, e nos 10 segundos depois disso, e nos 10 segundos depois disso, e veja o que isso criou?

ESCOLHENDO FELICIDADE

No mês seguinte ao meu treinamento de CF, ministrei três classes de Barras de Access, facilitei uma troca de Barras de Access para meus alunos e lecionei minha primeira classe de quatro dias de O Fundamento em Paducah, Kentucky. Foi mais do que suficiente para pagar a classe de CF. O engraçado é que dois dos quatro alunos que disseram a princípio que pagariam antecipadamente pela classe desistiram e magicamente outros dois, cujas participações na classe eu não tinha previsto, se inscreveram e participaram. Se eu tivesse um ponto de vista sobre como isso deveria aparecer, eu seria capaz de viver nos incrementos de 10 segundos que me levaram até lá? No passado, se meus julgamentos sobre como isso deveria parecer, ser ou aparecer para mim não tivessem funcionado, minha resposta teria sido não. Se eu tivesse ficado na minha expectativa e projeção de como eu pensava que isso deveria ser criado, eu não estaria no espaço de criá-lo como o Universo percebeu que eu poderia receber. Não é legal?

Gary e Dr. Dain explicam da seguinte maneira: se você tem 10 segundos para escolher o resto de sua vida, por que escolheria o que é certo ou errado? Por que você não procuraria o que é possível? Por que você tentaria descobrir o que faz outra pessoa feliz?

Se eu tivesse apenas 10 segundos para escolher o resto da minha vida, eu sei o que escolheria. Fiz isso quando me senti deixando meu corpo em Mumbai, na Índia. Lembro-me dos meus pensamentos fugazes de que eu estava morrendo. Há duas pessoas para as quais isso será muito difícil. Minha mãe e meu marido. Como pudemos observar, para o meu marido não seria tão difícil. Mas a percepção que tive foi que estou bem com isso. Eu sou uma pessoa feliz e tudo bem que seja assim. O que mais é possível agora?

E de repente, lá estava eu, de volta ao meu corpo. Nunca aparece como você pensa, galera, então pare de fantasiar sobre como você pode receber. Basta escolher e o que você deseja aparecerá para você. E não quero dizer uma escolha falsa. Quero dizer, decida em todos os poros do seu corpo. Deus sabe quando é para valer, mesmo quando você não sabe. Juro.

CAPÍTULO 7:

VIVA NA PERGUNTA

Então, e se todas as respostas ou conclusões que você tem fossem uma maneira de impedi-lo de ter consciência sobre qualquer outra coisa? Você já teve uma amiga que decidiu, depois de um ou dois encontros, que aquele rapaz era "o cara" e, com essa conclusão, não viu mais nada além da resposta aos sonhos dela? Não importa se ele estivesse desempregado, fosse cruel ou casado. Sim, estou sendo extremista, mas você entendeu, certo? Isso vale para qualquer coisa. Você decidiu que a resposta para a sua felicidade será aquela cerca branca, os dois carros e meio e os três filhos e meio? Não importa que nada disso faça sentido.

E se, em vez de vivermos na resposta, vivêssemos na pergunta? Uma ferramenta muito simples de Access, e uma pergunta que faço quando nem sei o que perguntar é "o que mais é possível?" É um ótimo lugar para começar quando você se encontra estagnado. Muitos inventores e criadores inspirados que vieram antes de nós fizeram essa mesma pergunta. Eles veem a maneira como algo está sendo feito e decidem que isso não é suficiente. Ou que poderia ser feito com mais eficiência. Ou talvez eles vejam algo que poderia ser criado e que nunca existiu nessa realidade antes que eles perguntassem. Eles estavam dispostos a procurar e ver o que os outros não viam. Eles foram inspirados a perguntar: "O que mais é possível que não estou vendo aqui?" Lembre-se, peça e receberá. Você tem livre arbítrio para pedir. Esses pioneiros talvez tenham falhado nas primeiras vinte tentativas, mas continuaram perguntando. Lembra-se dos irmãos Wright, Orville e Wilbur? Eles eram dois engenheiros e inventores que não paravam após cada tentativa fracassada de pilotar um avião. Somente em 17 de dezembro de 1903, a 6,5 quilômetros ao sul de Kitty Hawk, Carolina do Norte, eles fizeram o primeiro voo sustentado e controlado de aeronaves mais pesadas do que o ar. Embora não tenham sido os primeiros a construir uma aeronave experimental, foram os primeiros a inventar controles de aeronaves que possibilitaram o voo com asas fixas. Eles estavam dispostos a dizer: "Bem, isso não funcionou". E, em vez de desistir, continuaram perguntando: "O que mais é possível agora?"

Quando você decide que não pode ser feito, você solidifica as possibilidades e seu ponto de vista fixo se torna uma realidade finita, sem escolha e presa na

ESCOLHENDO FELICIDADE

lama. Visto que você deve ter a ousadia de viver na pergunta a respeito do que é possível agora, isso abre a porta e convida o Universo a mostrar-lhe as infinitas possibilidades. Como eu mencionei antes, o Universo realmente faz de tudo para lhe presentear. Isso foi muito verdadeiro para mim quando escolhi fazer o treinamento de CF. Eu segui todas as opções leves que apresentavam outras possibilidades para eu escolher. E cada escolha leve me levou a perguntar de novo e de novo e de novo. Quão fabuloso é você poder perguntar de novo e de novo a cada dez segundos?

Então a próxima ferramenta que eu gostaria de compartilhar com você, que tem sido um grande recurso na minha jornada de volta à felicidade autêntica é:

VIVA NA PERGUNTA (NÃO NA RESPOSTA).

Gary gosta de dizer que viver na pergunta é o antídoto para qualquer coisa. É o antídoto para esta realidade.

Como seria fazer uma pergunta e escolher estar na pergunta? Uma pergunta lhe empodera a criar, já uma resposta sempre se trata de como fazer algo direito, e como você acha que deve ser. Ter a resposta certa elimina a pergunta da sua realidade e da sua vida.

E se todas as respostas ou conclusões que surgissem fossem uma maneira de impedi-lo de ter consciência acerca de qualquer outra coisa? Como a amiga que decide que aquele cara parece certo para ela. Não importa se ele é alcoólatra e bate nela. Talvez se ela puder mostrar a ele o quanto o ama, ele mudará. Você pode ver como isso poderia impedi-la de ter a conscientização real de que ele está escolhendo o que está escolhendo, não importa o quanto ela o ame? Ele pode não optar por mudar por ela ou por qualquer outro motivo, e mesmo assim ela continua acreditando que, se o ama o suficiente, ele acabará mudando. Isso, meus amigos, se chama inconsciência. E se ele não tiver capacidade ou vontade de fazer isso? Nem sempre é o caso, mas se ela vivesse na pergunta, conseguiria receber a conscientização acerca do que poderia permitir a ela realmente escolher o que seria generativo para si mesma.

Viver na pergunta é assim para Access Consciousness:

O que é isso?

O que eu faço com isso?

Posso mudar isso?

Como posso mudar isso?

Você observou que eu me refiro constantemente a respostas leves e pesadas para as minhas perguntas. É semelhante às respostas sim e não em cinesiologia, para aqueles que conhecem os testes musculares. Isso funciona acessando diretamente o feedback muscular do seu corpo. Ensino meus clientes como acessar uma resposta simples de "sim" ou "não" com seus corpos para que eles possam conversar sobre o que seria

ESCOLHENDO FELICIDADE

mais generativo para o corpo e o ser em diferentes circunstâncias.

Em Access Consciousness isso é chamado de leve e pesado. Ao fazer uma pergunta, se a sensação for leve, isso é correto para você. Quando você faz uma pergunta e a sensação é pesada, isso não é para você. Muitas dessas perguntas provocariam esta resposta:

O que é isso?
Leve, continue perguntando.
O que eu faço com isso?
Leve, continue perguntando.
Posso mudar isso?
Pesado, não é algo que você possa mudar para essa pessoa em 10 segundos.
Como eu mudo isso?
Pesado, ponto mudo da questão anterior, mas observe, ainda é pesado.
E depois há outras perguntas para você continuar fazendo, como essas:
O que realmente é possível aqui?
Leve, outra coisa é possível, então continue perguntando.
Que pergunta faço aqui?
Leve. Há algo mais que posso perguntar.
Que escolhas eu tenho aqui?
Leve.
Eu escolho por ele, por ela, por mim? Qual é leve? Qual é pesada?

RÜDRANI DEVI

Que contribuição eu posso ser e receber aqui? Ficar seria uma contribuição?
Pesado.
Ir embora seria uma contribuição?
Leve.
O que mais é possível agora?
Leve.
É uma contribuição ir embora agora?
Leve.

Meu melhor cenário para viver na pergunta vem novamente do meu casamento desfeito. Que presente eu ter conseguido sair dele facilmente. Ou, no meu caso, rolar para longe, porque eu ainda não estava em condições físicas totalmente favoráveis quando ele foi embora. Como isso surgiu para mim? Foi literalmente momentos depois de me acomodar em casa, depois de ter o meu joelho ajeitado em minha perna quebrada. Eu tive que esperar meses até que as múltiplas fraturas cicatrizassem antes da última cirurgia. Eu tinha uma bolsa de gelo amarrada ao redor do joelho direito enquanto meu marido estava na cozinha batendo panelas e frigideiras.

Momentos depois ele apareceu com um olhar muito confuso no rosto e, em seguida, como vômito, disparou: "Estou saindo de casa. Preciso de um pouco de espaço."

"Ok." Respondi, ainda atordoada pela anestesia, sem estar certa de onde isso acabaria.

ESCOLHENDO FELICIDADE

"Não consigo continuar tomando conta de você assim. Acho que se eu me mudar, terei mais clareza a respeito do que eu quero. E não é isso." Realmente sem saber o que responder, eu pude ver que ele já havia chegado a uma conclusão acerca do que ele precisava fazer, mas na minha cabeça eu estava vivendo na pergunta.

O que é isso?
Pesado.
O que eu faço com isso?
Pesado.
Posso mudar isso?
Indo e voltando entre leve e pesado etc.
Como posso mudar isso?
Pesado.

Embora meu corpo estivesse incerto sobre eu conseguir mudar as coisas nesses 10 segundos, me peguei dizendo: "Você quer trabalhar nisso? Terapia?"

Eu realmente não queria terapia. Eu sabia que ele também não queria. Mas ele escolheu uma resposta.

Ele gritou: "Estou cansado do trabalho!" Eu imaginei que ele estava se referindo a todas as coisas que eu não podia fazer em uma cadeira de rodas.

Ele me ouviu dizer a palavra terapia? Parecia leve quando perguntei na minha cabeça. Ok, então nós dois não queremos terapia. Legal. Apenas deixe-o desabafar, o que ele fez por bastante tempo, e então ele me disse que já havia encontrado um lugar para alugar. Eu não precisava dizer ou fazer mais nada. Não havia nada que eu pudesse fazer para mudar isso, e foi o que aconteceu.

Como consegui o que eu queria aqui sem nem mesmo saber que queria isso? Quando comecei a viver na pergunta, as coisas começaram a aparecer de maneiras mágicas. Quanto mais eu perguntava, mais me conscientizava de que havia outras possibilidades que eu poderia criar.

E se fosse tão simples quanto perguntar como obter o que você quer da vida? Você faz perguntas. Como você faz amigos? Você faz perguntas. Como você transa? Você faz perguntas. Eu não precisava saber nada aqui para criar o que queria. Tudo o que eu tinha que fazer era perguntar. Eu nem precisei perguntar em voz alta. Como pode melhorar? Quanto isso é fácil?

Então, como pode melhorar? E agora me deixe compartilhar outra ferramenta de Access Consciousness que eu já citei muitas vezes nestas páginas, e continuarei citando.

COMO PODE MELHORAR AINDA MAIS?

No meu ponto de vista interessante, "como pode melhorar?" é uma oração e um pedido ao Universo para me mostrar "como", em vez de dizer ao universo "como". É o mesmo que dizer a Deus como fazer o trabalho dele. "Deus! Se você pudesse me enriquecer, eu poderia fazer muitas coisas boas no mundo. Então, estas são as maneiras que você deve agir a respeito disso." E você

ESCOLHENDO FELICIDADE

faz o detalhamento da sua lista para Deus. Isso soa absurdo para mais alguém?

Quando vivo na pergunta "Como pode melhorar ainda mais?", o Universo infinito e onisciente começa a me mostrar todas as infinitas possibilidades. Eu posso usar o exemplo de escolher me tornar uma facilitadora certificada. Às vezes, "Como pode melhorar?" é uma ótima pergunta de acompanhamento para "O que mais é possível?". Como se viu, a melhor opção nesse caso foi o empréstimo sem juros do PayPal. Mas a pergunta não terminou aí, eu poderia ter dito: "Bem, não é possível melhorar ainda mais!" E então meu mundo teria parado abruptamente. Eu teria criado uma realidade finita: "Esta é a melhor resolução" e tornaria impossíveis as possibilidades futuras. Em vez disso, outras coisas mudaram no meu mundo e eu pude pagar a classe com facilidade! Como pode melhorar ainda mais?

Então, com a declaração do meu ex-marido de como as coisas não estavam funcionando para ele, uma semana depois ele partiu e eu pude literalmente sentir minha força vital voltando ao meu corpo. No começo, pensei que tinha uma estranha sensação de medo, mas percebi rapidamente que era realmente estimulante que eu estava escolhendo ter a minha vida de volta. Não mais cortando meus braços e pernas para caber na realidade dele. Eu estava escolhendo para mim e isso me deixou extremamente feliz. Uma longa jornada estava à minha frente, mas eu tinha as ferramentas e estava a caminho.

RUDRANI DEVI

Tudo é apenas uma escolha, meu lindo amigo, e viver na pergunta é o antídoto para tudo nesta realidade. Fique na pergunta e você se tornará o antídoto e a imunização para essa realidade. Sim, é isso!

CAPÍTULO 8:

SEM FORMA, SEM ESTRUTURA, NEM SIGNIFICÂNCIA

Tudo o que você cria tem uma força com vida própria. Pode ser uma música, um livro, uma receita ou uma pessoa. Quando escrevi meus dois primeiros livros de memórias e os coloquei no mundo, notei que eles começaram a ter vida própria imediatamente. Enquanto eu segui em frente, eles continuaram vivendo no mundo, encontrando aqueles que podiam apreciar o que eles tinham a dizer. Não esperava que meu primeiro livro fosse uma contribuição além de ser minha história. Surpreendentemente, recebi muitos comentários de mulheres de todos os setores da sociedade, que poderiam se identificar com os aspectos de abuso doméstico da minha jornada. Meu ponto de vista ao escrever o livro foi muito diferente. Eu até brinco com isso dizendo agora: "Se você quer descobrir quem eu não sou, leia este livro." É quase como se meus pontos de vista não correspondessem mais aos pontos de vista dos meus livros, então eles tiveram que viajar por si mesmos, com a própria força vital. As histórias contidas neles não tinham mais significado real para mim, mas quando os escrevi cada palavra era significativa.

Gary brinca que é como ter um filho. De repente, você percebe que seus pontos de vista não são mais importantes para eles. Eles só farão o que quiserem e quando quiserem. E, na minha opinião, por que colocar alguma significância no fato de que vocês não compartilham mais os mesmos pontos de vista? E se a única razão pela qual seu filho teve os pontos de vista que correspondiam aos seus é porque ele pensava que tinha que ser assim, até que deixou de agir daquele jeito?

Quando comecei a perceber que nada tinha forma, estrutura ou significado real, tudo subitamente se tornou mutável em minha vida. Eu poderia criar algo diferente e foi mais fácil do que eu pensava. De repente, estar em permissão poderia ser uma coisa real. É uma coisa completamente diferente de aceitação ou tolerância. Você percebe como as palavras aceitação e tolerância são pesadas quando comparadas à palavra permissão?

Permissão é o espaço de não precisar se alinhar e concordar ou resistir e reagir se alguém tiver um ponto de vista diferente. Não há certo, errado, bom, mau,

ESCOLHENDO FELICIDADE

sem forma, sem estrutura e sem significado. Tudo o que tenho a fazer é perguntar se é leve ou pesado para mim e seguir em frente. Por isso, compartilho com você a próxima ferramenta de felicidade em direção à liberdade:

SEM FORMA, SEM ESTRUTURA, NEM SIGNIFICÂNCIA

Você já reparou quanta importância damos para tornar algo histórico? Então, nunca é permitido, em algum nível, mudar isso. É como fazer uma declaração de missão. Esta é a declaração de missão em que a nossa empresa se baseia e, portanto, tudo o que fazemos orienta-se por isso. Não pode e não será alterado. Ufa! Você consegue perceber quanto isso é pesado? Quase de natureza estoica, não deixa nenhum espaço para criar algo novo. E se, em vez disso, fizermos a pergunta: "Por quanto tempo isso funcionará para a nossa empresa? Isso ainda é relevante hoje?"

Eu vim para Nashville em 1984 para cantar no álbum de um amigo e nunca mais fui embora. Ele seguiu o caminho dele e eu lutei em três empregos para sustentar meu hábito musical. Fui contratada para alguns comerciais e me tornei a garota local da Gatti's Pizza, mas nada estava pagando minhas contas o suficiente para deixar meus outros empregos de meio período. Fiz um teste e finalmente consegui a posição de vocalista de uma banda de rock chamada The Paper Dolls. Ninguém mais ouvia os GoGo's e nós estávamos determinados a superar a popularidade do The Bangles. Embora tivéssemos sucesso local, eu me via, na maioria das vezes, dormindo em sofás de estranhos bem-intencionados e cantando em troca do meu jantar. Embora tivéssemos algum sucesso local notável, eu mal conseguia sobreviver e sabia que algo tinha que mudar.

Assumi uma posição de lacaia em 1988 em uma produtora de televisão que produzia apenas para a Entertainment Tonight. Minha formação em comunicação na faculdade me garantiu o emprego, embora não tenha significado muito. Eu levei muito tempo entre a faculdade e meus sonhos de ser uma artista para me manter atualizada com a produção de filmes, pois as coisas estavam mudando rapidamente. Então, eu era a garota que trazia cigarros para o meu chefe, café e twinkies (um tipo de bolinho recheado de creme) todas as manhãs. Eu atendia os telefonemas e coordenava as equipes dele em várias reuniões. À noite, eu atendia mesas em um bar de mergulho. O tempo passou e, finalmente, consegui sair do meu turno noturno e trabalhar na produtora em período integral. Eu não reparei que estava ficando muito generativa, treinando no trabalho simplesmente por estar lá. Antes que eu percebesse, eu era a principal assistente de produção. A partir daí, me tornei representante de diretores e estava escrevendo sinopses de videoclipes para todas as principais gravadoras de Nashville. Então, naturalmente, assumi uma posição de produtora executiva, dividindo meu tempo principalmente entre

ESCOLHENDO FELICIDADE

Nashville e Los Angeles. Em 2001, a terceira empresa de produção em que eu trabalhava teve que declarar falência, e passei a viver com a assistência do governo, lutando novamente para sobreviver.

Considere viver em incrementos de 10 segundos e seguir a energia, e tudo antes da Internet de verdade. Amigos me emprestavam dinheiro para pagar minhas contas enquanto eu lutava para me levantar de novo. Minha mãe me deu US$ 100 para criar uma conta jurídica no banco e abrir minha própria produtora. Tive minha primeira oportunidade quando um amigo de longa data me concedeu um vídeo de Mindy McCready. A Capitol Records pagou antecipadamente pelo vídeo, que era inédito, e eu pude pagar todos os meus novos equipamentos de escritório e devolver o dinheiro que havia pegado emprestado com meus amigos.

No meu primeiro ano, fiz seis dígitos e fui uma das duas produtoras executivas de videoclipes e curtas-metragens do sexo feminino. Como eu tive tanta sorte? Olho para os últimos parágrafos e me pergunto de quem estou falando, e tudo isso antes de me casar em 2003.

Aposto que você está começando a se perguntar: "Onde está o exemplo de nenhuma forma, estrutura ou significado?" Alguma parte da minha história tem forma, estrutura ou significado? Suponho que eu poderia ter dado uma de enxerida e declarado que eu era uma artista e não deveria estar servindo café e trabalhando horas extras, reunindo equipes de produção para outros artistas. Suponho que eu poderia ter tido um ponto de vista interessante de ser uma garota com formação superior, atender em mesas como garçonete, mas não dei nenhum significado à aparência da minha vida. Eu só sabia que, apesar de tudo, eu era uma campista feliz. Minha vida não era chata e eu consegui me criar e me recriar repetidamente sem um roteiro sobre como deveria ser. Engraçado, eu me vejo como uma pessoa estruturada quando se trata de manter meu mundo em ordem. Mas com tudo isso, houve um caos e esse foi o aspecto criativo que me levou além do que os outros poderiam pensar que era louco. Não, eu não tinha um plano. Eu apenas segui a energia.

Eu me vi no espaço de perguntar continuamente: "Para quem ou para o que posso contribuir hoje? Onde devo colocar minha atenção agora? O que está contribuindo mais para mim?"

Quando eu estava no auge, fui ao fundo do poço novamente. As gravadoras estavam falindo ou se consolidando. Uma nova leva de diretores, que se tornaram os primeiros empreendedores de videoclipes, criavam obras de arte em formato de vídeo 8 em vez de filme, e por muito menos. Como você sabe, agora qualquer um pode fazer um vídeo de qualidade em seu próprio iPhone. Mas discordo por um momento. O exemplo é claro. A indústria cinematográfica teve que mudar com a mudança da tecnologia. Eles não podiam mais permanecer nos mesmos parâmetros e prosperar.

ESCOLHENDO FELICIDADE

Vi muitas empresas de produção de filmes serem muito reduzidas ou ficarem de pernas para o ar.

E quanto a mim? Eu fiz uma ótima trajetória. Saí de um Nissan surrado para um Porsche conversível no decorrer da minha carreira na produção de filmes.

E se tudo o que funcionava antes parasse de funcionar para você? As coisas mudam em relação a empregos, relacionamentos, corpos; é algo contínuo. Ficar com algo porque você sempre tem isso o limita.

Sem forma, sem estrutura, nem significância quer dizer que você não pode se prender a nada. Significância torna-se limitação. É só um ponto de vista, o que significa que você pode mudar isso.

RÜDRANI DEVI

CAPÍTULO 9:

SEM JULGAMENTO, SEM DISCRIMINAÇÃO, NEM DISCERNIMENTO

Você já reparou quanto julgamento está presente no nosso mundo agora? Basta ligar a TV e todo mundo parece estar apontando o dedo para outra pessoa. O nível de intolerância parece ser o mais alto de todos os tempos. Observe o peso da palavra tolerância; e, no entanto, por mais pesada que seja essa palavra, coloque "não" na frente e as pessoas se afastam. E se, em vez disso, pudéssemos escolher estar em permissão. E isso, caso você se lembre, tem mais a ver com não ser fisgado pelas escolhas, opiniões e julgamentos dos outros. Lembre-se, isso não significa que você precisa se alinhar e concordar ou mesmo escolher esses pontos de vista.

É como se o mundo funcionasse a partir da premissa de que não podemos viver esta vida sem julgamentos. Não é de admirar que ninguém pareça ser feliz. Como alguém poderia ser feliz assim?

Gary explica da seguinte maneira: julgar é como se condenar à prisão perpétua e manter os efeitos desse julgamento pelo resto da sua vida e da vida de outras pessoas com quem você também possa interagir. É como uma infecção ruim. Em outras palavras, se você se preocupa com a forma como as pessoas o julgam, ou decide que não gosta de ser julgado, ficará preso em uma sentença de prisão perpétua dos efeitos. Veja nossos atuais líderes na Casa Branca. Nosso presidente é o rei do julgamento e, no entanto, não tolera ser julgado.

Todo julgamento elimina a capacidade e a conscientização de perceber qualquer coisa que não corresponda a ele. Assim que você compra um julgamento como real, chega a uma conclusão sobre isso. Nesse espaço, como alguém poderia ver que realmente seria possível ter outra opção disponível?

E aqui está a próxima ferramenta para a felicidade que eu gostaria de compartilhar para libertar você da sua realidade sem escolha:

SEM JULGAMENTO, SEM DISCRIMINAÇÃO, NEM DISCERNIMENTO

Se você não tem julgamento, não tem discriminação e não tem discernimento, você se dá o espaço para escolher algo diferente.

ESCOLHENDO FELICIDADE

Vamos tentar um pequeno experimento. Sinta a energia do julgamento. O que você percebe? Pesado? Leve? Indiferente? Agora, acesse a energia da conscientização pura. Expanda e inclua tudo. O que você percebe agora? Pesado? Leve? Indiferente?

Agora considere que nem tudo que é negativo é um julgamento e que nem tudo que é positivo não é um julgamento. Como isso é possível? Até um elogio pode ser considerado um julgamento, mas e se o julgamento fosse do tipo: "Esse suéter realmente fica bem em você. Ele esconde a sua papada." Agora, esse elogio é leve ou ficou pesado? Então, se você puder percebê-lo apenas como um ponto de vista interessante com o qual não precisa se alinhar e concordar, ou resistir e reagir, a energia disso muda novamente? Volte a sentir a energia do julgamento sem o ponto de vista de que é negativo ou positivo. Apenas perceba a energia do julgamento e observe o que você sente. Para mim, o julgamento sempre teve uma densidade, até que tirei a necessidade de ser positivo ou negativo e simplesmente o recebi como um ponto de vista interessante. Então tornou-se neutro, sem peso ou leveza. Agora, perceba a energia de consciência pura. Minha experiência de consciência é que ela sempre tem uma leveza.

Dr. Dain Heer diz algo de que gosto bastante: "Consciência inclui tudo e não exclui nada, com ou sem julgamentos." Talvez você acredite que há certas coisas que simplesmente não escolheria para a sua vida. Isso é bom. Mas e se você pudesse simplesmente ver isso como é, talvez possa começar a percebê-lo como não necessariamente um julgamento.

Observe a energia disso. Se alguém é mau com você, então a partir deste espaço agora você pode perceber que ela é apenas uma pessoa má. É apenas a personalidade dela e não tem nada a ver com você. Isso é o que é conscientização. É um lugar em que você reconhece que uma pessoa é má sem julgamento. Isso é exatamente quem ela é.

Talvez seja a hora de compartilhar outra ferramenta útil chamada de expansão. O que é expansão? É um processo que eu ensino quando facilito as aulas de meditação, embora seja algo que você possa alcançar sem uma prática formalmente sentada. Ao longo dos anos, facilitei centenas pessoas que nunca haviam conseguido meditar antes a chegarem a um lugar além do que elas jamais imaginaram, com facilidade. Vou lhe dar uma ideia de como isso é agora e você pode até participar de olhos abertos enquanto lê as palavras. Como pode melhorar?

Respire fundo algumas vezes, inspirando enquanto conta até quatro e expirando enquanto conta até oito. Sente-se confortavelmente, imagine que há uma corda presa no topo da cabeça e seu corpo está simplesmente pendurado embaixo. Deixe que seu corpo fique solto e seus ombros relaxem, longe de suas orelhas. Solte! Solte ainda mais! Agora imagine que, com a sua próxima inspiração, você estará respirando conscientização, do jeito que for para você. Pode ser uma sensação, um aquecimento, um som, um sabor ou talvez uma cor que permeie seu corpo. Não julgue como isso aparece para você e simplesmente seja uma testemunha disso. Continue inspirando essa conscientização e permita que ela comece a preencher todas as células do seu corpo.

ESCOLHENDO FELICIDADE

Continue dessa maneira, respirando cada vez mais a conscientização até que seu corpo esteja cheio dessa deliciosa e vibrante conscientização. E finalmente, quando você sentir que está completamente preenchido, permita que essa conscientização penetre pelos poros do seu corpo e preencha a sala em que você está. Então agora você não está mais apenas dentro do seu corpo, seu corpo está dentro de você. Você consegue perceber como está consciente agora? Você consegue sentir o quanto você se expandiu?

Nas aulas que facilito, levo o aluno até o plano etéreo que, no meu mundo, chamo de terra do ser infinito. E a partir dessa energia, espaço e consciência, meu mundo inteiro está dentro de mim. Não estou mais em uma realidade aparentemente densa e pesada, mas estou incluindo tudo no meu estado expandido e todos os problemas desaparecem. É isso que é ser uma meditação ambulante, meus amigos. Embora este seja um exercício delicioso em uma prática sentada, com os olhos fechados, o que é mais surpreendente é que você pode viver neste estado, funcionando nesta realidade e a partir daqui, você pode facilmente perceber o que é pesado ou leve para você. Imagine todas as infinitas possibilidades que você poderia criar e gerar a partir desse espaço.

Como meu presentinho para você, incluí um link para uma breve gravação da meditação da expansão. Se você quiser a versão completa e deliciosamente facilitada, poderá ser meu anfitrião para uma classe. O que mais é possível agora?

Então, voltemos a "sem julgamento, sem discriminação e nem discernimento". Assim que cheguei a este capítulo em particular no livro, recebi um e-mail de uma de minhas clientes, que criticou a maneira como eu me comportei enquanto facilitava uma de minhas classes. Ela sugeriu que eu era muito pouco profissional e prejudicial no que eu apresentava e que a intenção dela não era julgar, mas compartilhar seus pensamentos. Toda a redação de 200 palavras foi uma crítica de como eu fiz as coisas e a crítica é apenas outra forma de julgamento. A maioria das pessoas vê seus julgamentos apenas como seus pontos de vista.

Para mim, de fato, um ponto de vista é apenas um ponto de vista. Na maioria dos casos, percebo as pessoas usando seus pontos de vista como uma maneira de controlar os outros. Forçar seu ponto de vista ainda é um julgamento, mas se eu posso vê-lo como um ponto de vista interessante, é tudo o que isso é para mim. Isso não fica em mim. Minha consciência era que ela tinha pontos de vista muito interessantes sobre a maneira como facilito. Meu ponto de vista é que não vou tapar o sol com a peneira e descer pela toca do coelho com meus clientes. Não enquanto eu estiver atenta. Eu deixo isso claro com meus clientes logo no início. Dito isto, não sou para todos. Isso permanece comigo? Não. Não importa o quanto alguém tente me forçar com seus pontos de vista interessantes e a correção deles, principalmente quando isso é direcionado a mim. Isso é libertador. Julgue-me o quanto quiser. Estou ciente de que é simplesmente o seu ponto de vista. Não está certo, não está errado, não é bom nem ruim.

ESCOLHENDO FELICIDADE

Quando você está defendendo seus pontos de vista, que são realmente apenas seus julgamentos, isso é uma sentença de prisão perpétua que não cria nada generativo, diferente ou novo em sua vida. Quando você discrimina e discerne quais julgamentos são certos ou errados, bons ou ruins, quer você possa receber ou não, você se isola de qualquer alegria que possa estar escolhendo. Você prefere ficar preso à linearidade do seu ponto de vista ou prefere a leveza da consciência pura que inclui tudo e não exclui nada, incluindo o julgamento? É apenas uma escolha, meu lindo amigo. Você vai escolher?

RUDRANI DEVI

Quando você está deixando seus pontos de vista, que são realmente apenas seus julgamentos, isso é uma simples questão pergunte-se, não era nada ranço/yo, diferente ou novo em sua vida. Quando você discrimina e discerne, quais julgamentos são certos ou errados bons ou ruins, que possa escolher ou não. Você se utiliza de qualquer alegria que possa estar escolhendo. Você prefere ficar pesaroso, acid ide do seu ponto de vista ou prefere a leveza da consciência pelo quê aquilo rude e não seja nada, incluindo o julgamento? E apenas uma escolha, meu lindo amigo, você vai escolher.

CAPÍTULO 10:

NADA DE DROGAS

Sua cabeça já está girando? Você ainda está comigo? Ótimo! Respire fundo. Se você chegou tão longe comigo, talvez alguma coisa aqui esteja fazendo sentido. Há muitas outras coisas que podem distraí-lo deste livro. Portanto, reconheça que você chegou até aqui. Gratidão.

Eu conheci meu namorado da faculdade quando ele estava viajando em ácido. Esse seria o meu primeiro encontro com os efeitos graves que as drogas podem ter sobre alguém. Na minha experiência, nunca estive tão perto de um viciado. Talvez meu *self* feliz e despreocupado fosse mais do que um pouco ingênuo. Depois de perder minha primeira aula na faculdade, eu estava muito ciente de todo o abuso de álcool no campus da universidade e sempre sentia cheiro de maconha em shows, mas quando eu notava esses rolinhos de papel sendo distribuídos e as pessoas colocando-os na boca, ingênua ou não, nunca fiz isso. Não me interpretem mal. Eu até experimentei, mas não me apeguei. Eu odiava especialmente a maconha e isso permanece comigo. Por que eu gostaria de usar algo que me tirava completamente da minha consciência? Nas raras vezes em que permiti que meu namorado me convencesse a fumar maconha, fiquei paranoica e desorientada, depois geralmente comia e dormia demais. Talvez eu tenha tido sorte de não ter gostado. Ele não teve tanta sorte e sofreu com o vício em drogas a vida inteira. Recentemente, sua irmã me procurou no Facebook para me informar que ele faleceu aos cinquenta e poucos anos de um ataque cardíaco.

Espero que você possa perceber a escolha feita aqui a partir do ponto de vista da próxima ferramenta que eu gostaria de compartilhar. Drogas simplesmente não funcionam para mim. Não é que eu tenha uma opinião sobre o que os outros escolhem em relação a esse tema. Isso simplesmente não funciona para mim. Dito isto, também não funciona para mim em um relacionamento. Então, minha próxima ferramenta para ser feliz é:

NADA DE DROGAS, DE NENHUM TIPO

O que são drogas? Bem, essa é uma rede ampla. Isso não inclui apenas as drogas recreativas agora legalizadas, das quais não gosto pessoalmente, mas também inclui drogas ilícitas de rua, medicamentos legalmente prescritos, álcool (alguns argumentariam), qualquer coisa viciante. Para mim, qualquer coisa que me tire da minha consciência não funciona para mim. Isso significa que não vou tomar um Martini ou dois de vez em quando? Não. Mas, funcionaria para mim, beber como meu namorado fazia na faculdade,

ESCOLHENDO FELICIDADE

vomitando e não me lembrando de nada do que fizemos na noite anterior? Não. Isso era pura inconsciência. Tenho certeza de que muitas pessoas ficam felizes quando estão fazendo algo que pode alterar a mente. É quando você usa drogas para ficar feliz que isso pode ser complicado. Tenho certeza de que Ed nunca pensou que as drogas acabariam por matá-lo. Tenho certeza de que Michael Jackson e Prince pensavam a mesma coisa. Felizmente, existem protocolos diferentes para aqueles que desejam escolher algo diferente como Alcoólicos Anônimos e Narcóticos Anônimos, além de todos os outros grupos para que as famílias possam lidar com isso e eventualmente prosperar. Mas há muito mais em jogo aqui.

As drogas criam uma personalidade bioquímica, portanto, quando alguém escolhe as drogas, está escolhendo se tornar um certo tipo de personalidade. É meu ponto de vista interessante que muitas pessoas escolhem drogas para abafar a consciência delas; afinal, um ser infinito escolheria ficar chapado? Não. Ele escolheria consciência. Eu sei. Às vezes, toda essa consciência pode causar muito desconforto. Mas, se você pode viver com a consciência a partir de um ponto de vista interessante, não existirá o ponto de vista de que precisa abafar alguma coisa. Tenho alguns clientes que sentem que toda essa suposta consciência é intensa demais para eles. Muitos desses clientes tomam medicamentos para depressão. A ressalva é que, quando você usa drogas para atenuar sua consciência, ela realmente exponencializa a consciência, assim como o ácido. Tudo vai para o córtex sensorial do cérebro, e a piada cruel é que agora você se vê reativo em áreas da sua vida em que normalmente não seria reativo. É como uma sobrecarga sensorial que não pode ser controlada. Portanto, o que você estava tentando controlar se torna incontrolável e mais é requerido para controlar, e o ciclo continua. Você já viu usuários de drogas que são viciados, mas dizem que não são? Eles dizem que ficam normais, embora aparentemente estejam no piloto automático, ficando cada vez mais inconscientes até que a luz se apague.

Se você estiver usando drogas de qualquer tipo, não poderá escolher a consciência. Em vez disso, você está escolhendo o que Gary e o Dr. Dain chamam de anticonsciência. Não é que as drogas estejam erradas. O problema com a maioria das drogas é que elas abrem a porta para entidades ou demônios que acessam o seu corpo. Tive clientes que não conseguiam se lembrar de nada depois do primeiro drinque e até me perguntavam como chegaram em casa, acordando bem no dia seguinte, mas sem memória. Nesses casos, na minha experiência, essas pessoas levaram entidades de drogas e álcool para seus corpos e se permitiram seguir no piloto automático, ficando completamente ausentes até a última rodada de álcool. De alguma forma, eles chegam em casa, aparentemente ilesos, e as entidades ou demônios seguem em frente. É o que chamo de "política de portas abertas". Esses clientes até afirmam que algo está lhes dizendo para tomar uma bebida, ou duas ou mais, até que não se lembrem de mais nada. Quando elas parecem ainda estar

ESCOLHENDO FELICIDADE

no corpo, torna-se aparente que muitas dessas entidades nem sabem que estão mortas e estão apenas procurando a vibração que conheciam quando tinham um corpo. Talvez elas tenham morrido de overdose por drogas ou de um acidente relacionado ao álcool.

Agora, deixe-me esclarecer aqui. Meu ponto de vista não é que o alcoolismo é apenas um sistema de entrega para que as entidades de drogas e álcool sintam que têm um corpo novamente. Elas nem conseguem entrar a menos que o anfitrião esteja inconsciente. É apenas uma das possibilidades pelas quais alguém pode sentir o desejo incontrolável de beber.

"Nada de Drogas" não significa que você vai parar de tomar seu medicamento para o coração ou a insulina. Tenho prescrições padrão que tomo para alergias. O fato é que eu converso com meu corpo e pergunto diariamente se seria generativo continuar tomando os medicamentos. No momento está assim, apesar de eu estar trabalhando com um homeopata para eliminar vibracionalmente minhas alergias do Tennessee. A piada pode estar em mim. Você poderia dizer que sou realmente alérgica a essa realidade. Como eu mudo isso? Ponto de vista interessante, meu corpo tem esse ponto de vista e, acredite, estou usando esta ferramenta também.

Eu sou, como todos nós, um ser multidimensional com múltiplos corpos energéticos que não são físicos. Considere etérico, sutil, causal etc. Todo o seu corpo desejará a energia necessária para contornar o que quer que o esteja limitando. Na homeopatia, você tira o que está criando a limitação, trazendo à tona esses bloqueios, e então a necessidade da droga ou do desejo se dissipa e desaparece.

Está provado que, se você toma mais medicamento do que o corpo pode utilizar, o remédio não se dissipa completamente e fica armazenado nas células adiposas. Isso vale especialmente para analgésicos e sedativos. Isso é chamado de meia-vida. Por exemplo: a meia-vida de Ambien é de aproximadamente 2 horas. Se você tomou um comprimido de 10mg de Ambien às 20h, às 22h restariam 5mg no sistema e à meia-noite haveria 2,5mg no sistema e assim por diante. Em seguida, ele é liberado quando você obtém o suficiente do catalisador que o liberará novamente. Essa é a razão pela qual maconha e alguns opiáceos permanecem no sistema do corpo por até 14 dias. Imagine o uso diário dessas drogas e o que isso criaria no corpo, além da inconsciência?

Quando conheci meu ex-marido, ele era um ser muito nervoso, cheio de ansiedade, e contava com o Ambien para ajudá-lo a repousar à noite. Houve várias ocasiões em que ele o tomava antes do fim do noticiário e desmaiava no sofá em frente à TV, apenas acordando com a luz do dia. Estranhamente, ele desconfiava de mim, por não tê-lo acordado, a fim de poder dormir em nossa cama confortavelmente. Não foi por falta de tentar acordá-lo, acredite. Às vezes, ele murmurava para que eu o deixasse em paz ou, ele ficava duro e eu simplesmente

ESCOLHENDO FELICIDADE

não conseguia movê-lo. Quando ele conseguia chegar à cama, às vezes experimentava terrores noturnos. Uma noite acordei com ele me chutando enquanto ainda estava dormindo. Saí correndo do quarto e dormi no sofá. No dia seguinte, ele não se lembrava de nada e eu declarei que me divorciaria se ele não saísse do Ambien. Ele passou a tomar Tylenol PM e esse comportamento parou, e nós ficamos casados nesse meio tempo. Isso me faz questionar se existe alguma entidade Ambien que procura essa energia em um ser com um corpo. Isso realmente me parece leve.

Novamente, não se trata de julgar o uso de drogas e álcool. Trata-se de ter a consciência de que, quando você escolhe usar drogas de qualquer tipo, está criando inconsciência. Você está permitindo que a criação de uma personalidade bioquímica assuma a sua personalidade e também está criando um convite para que outras pessoas sem corpos assumam o comando e guiem o navio. Essas são apenas algumas das possibilidades. Nenhum julgamento aqui. Entendo que isso tem funcionado muito bem para muitas pessoas e há muito tempo em nossa história. Estou ciente de que algumas pessoas se sentem confortáveis com a escolha de usar drogas especificamente para ficarem inconscientes dessa realidade. Saiba que, se você é uma dessas pessoas para quem isso não está mais funcionando, você pode fazer uma escolha diferente.

CAPÍTULO 11:

NADA DE COMPETIÇÃO

Ao longo dos anos, descobri algo sobre mim, embora só apareça em momentos muito particulares. Eu sou muito competitiva comigo mesma. Por ser uma corredora ávida, no início, eu fazia de tudo para aumentar minha velocidade. Na minha terceira maratona, isso se tornou tão significativo em minha mente que eu estava lendo todos os livros sobre o assunto e decidi que iria correr a icônica maratona de Boston. A cada corrida eu chegava mais perto do tempo de qualificação, finalmente requerendo cortar apenas 5 minutos preciosos. Depois de nove maratonas, eu havia corrido a lista de corridas da minha vida, mas isso não aconteceu do jeito que eu imaginei.

Começarei com este pensamento: "Um ser infinito teria algo com o qual possa competir?" Cada um de nós é tão único quanto um unicórnio. Não existe você de um jeito melhor do que sendo você mesmo. Assim como não existe um eu melhor do que o que eu sou. Um ser infinito escolheria competir por qual motivo?

E assim, minha próxima ferramenta de Access Consciousness para a felicidade que eu gostaria de compartilhar é:

NADA DE COMPETIÇÃO

A competição é um pensamento racional nesta realidade. É a crença de que, se eu fizer isso contra você e lhe vencer, sou melhor que você. Vou receber mais atenção, mais fama, mais dinheiro, mais amor e assim por diante. Isso realmente funciona? Não. E se você escolher um ponto de vista irracional sobre a concorrência? Como seria isso? Para mim é: como posso me sobrecriar? Como posso ser melhor hoje do que fui ontem, com facilidade, alegria e glória? Ou o que posso fazer para me sobrecriar com facilidade, alegria e glória? E, ainda assim, poderíamos considerar isso como sendo competição? Afinal, você criará do jeito que você faz e eu vou criar do jeito que eu faço.

Pessoas já vieram até mim e me disseram que não estão em uma situação em que podem pagar por meus serviços. Com facilidade eu poderia dizer que não estou em uma situação de cobrar menos pelos meus serviços. Mas, em vez disso, pergunto, qual seria a contribuição generativa aqui? Fácil! Vou indicar alguém cuja prática elas possam arcar financeiramente. Agora, nessa realidade, esse é um ponto de vista totalmente

ESCOLHENDO FELICIDADE

irracional, simplesmente porque a maioria das pessoas não escolheria isso. Para mim, é um cenário em que todos ganham. Eles encontram um profissional que podem pagar, e eu deixo o espaço aberto para alguém que possa receber meus serviços com facilidade. Também tive quem me procurasse e me dissesse que, se eu fosse realmente uma "curadora", não cobraria pelas minhas sessões. Ponto de vista interessante, eles têm esse ponto de vista. E eu sigo em frente. Não acho necessário justificar minha posição. Eu reconheço e sou muito grata pelo trabalho que faço. Estou em um espaço muito generativo, onde não preciso me preocupar em criar clientes em minha clínica. De fato, a maioria me pergunta quando eles devem voltar para um novo atendimento, e minha resposta para eles é que perguntem ao próprio corpo. Existe verdadeira liberdade e felicidade em não ser carente ou competitivo em relação a um horário totalmente agendado. Nas raras ocasiões em que tenho um dia de folga inesperado, concentro minha atenção em outras tarefas ou talvez esse seja o dia em que posso me fazer alguns mimos. Como posso me mimar ainda mais hoje, que me deixaria muito alegre imediatamente?

Eu absolutamente amo o ponto de vista de Gary em relação à concorrência. Ele diz que cada um de nós é mais único do que sabemos. Somos o diamante da esperança da consciência, mas nos definimos como o diamante sem esperança de nossas realidades pessoais. A verdade é que cada um de nós é o único de nossa espécie. Somos todos únicos. Cada um de nós é diferente. Em outras palavras, o que faço é diferente do que qualquer outra pessoa pode fazer ou fará. E o que você faz é diferente do que qualquer outra pessoa pode fazer ou fará. Temos que estar dispostos a reconhecer isso. Não há ninguém que possa competir com você, então por que você está se preocupando em competir? No meu ponto de vista interessante, isso sempre funciona contra mim, pois vou começar a me julgar por não estar fazendo o suficiente.

Quando eu trabalhava com produção de filmes, representando diretores de videoclipes, vários diretores de produtoras disputavam o mesmo videoclipe. Muitas vezes eu tinha dois diretores competindo pelo mesmo projeto. O que sempre foi interessante é que se um de meus diretores recebesse o vídeo em detrimento do outro, inevitavelmente, o não escolhido tinha pontos de vista sobre a sinopse do videoclipe do outro. Julgamentos? Bem, nem sempre. Às vezes, era simplesmente uma consciência acerca do motivo pelo qual o artista e a gravadora concordaram com o conceito de um em detrimento do outro. A versão de um pode ter simplesmente se encaixado melhor naqueles 10 segundos. Não me interpretem mal. Meus diretores eram muito competitivos. Eles queriam receber o trabalho e receber mais atenção, mais dinheiro etc. Mas, cada um dos diretores de vídeo que eu representei, todos tinham talentos e habilidades muito diferentes que eram exclusivos deles. Tive muita

ESCOLHENDO FELICIDADE

sorte de poder representar profissionais tão talentosos e surpreendentes, embora diversos, de verdade.

Lembro-me do Dr. Dain uma vez perguntando: "Um ser infinito poderia competir com alguém? Para criar a competição como uma realidade, primeiramente por necessidade, você teria que se criar como um ser limitado e finito. Percebe como isso é sólido? Infinito versus finito? Quando você é o ser infinito que realmente é, você escolhe a sua vida. Quando finge ser um ser finito, você solidifica a única opção que pensa ter nesta realidade. Então, em vez de competir, como seria se reconhecer como um ser único e infinito que você realmente é e simplesmente se sobrecriar? Talvez você passe a competir consigo mesmo e não com os outros, o que, de qualquer maneira, não é real. Então você pode florescer e crescer ainda mais do que você pensou ser possível. Não parece uma maneira alegre de competir se você tivesse que fazer isso?

Sou muito grata pelo meu ex-marido. Ele criou ótimos exemplos neste livro para mim. Como pode melhorar? Ele adorava competir, principalmente comigo. Ele trabalhou para a Country Music Television e era excelente em seu trabalho. Se estivéssemos competindo para criar o melhor comercial para atrair espectadores, suponho que ele teria me sobrecriado mais vezes do que qualquer um. Eu nunca tive a oportunidade de descobrir isso, nem o desejei. Ele, por outro lado, queria competir comigo em todos os níveis. Ele era o melhor cortando a grama, fazendo o jantar, lavando a roupa, estacionando o carro, e ele sempre me mantinha informada a respeito disso. Isso era realmente verdadeiro na minha realidade? Não. Minha conscientização era simplesmente que ele aparava a grama de maneira diferente do que eu fazia, cozinhava de maneira diferente da que eu cozinhava e tinha um ponto de vista diferente sobre lavar a roupa ou estacionar o carro. O que o deixou incomodado foi quando ele decidiu que seria um corredor.

Fomos a todas as lojas de corrida de elite e compramos todo o equipamento sofisticado que os 'corredores de verdade' usariam. Percebi que ele monopolizou o uso do meu monitor cardíaco, insistindo que ele precisava mais do que eu. Bem, essa conscientização estava realmente adequada. Ele usava minhas bandanas e, eventualmente, o pesado contador de quilometragem que ele havia comprado para mim como presente de Natal. Ele queria tanto ser melhor do que eu em tudo, que ele até tinha que ser um corredor mais bonito. Ele leu meus livros e procurou dicas online. Isso fez dele um corredor melhor? Bem, ele tinha muitos pontos de vista sobre como deveríamos treinar. Como eu já praticava cinesiologia há vários anos, perguntava ao meu corpo o que funcionava para ele. Eu fazia isso para tudo, ou seja, o equipamento de corrida mais generativo, o que comer, a quilometragem das corridas e a velocidade em que deveríamos ir. Gary diz que, às vezes, é preciso fazer o que é mais fácil, mesmo que você não concorde. E, para mim, o mais fácil foi deixá-

ESCOLHENDO FELICIDADE

lo conduzir o nosso treinamento para a meia maratona de Nashville Country Music. Após a concessão, eu já a havia corrido três vezes como um treino para maratona e a venci quando precisei de um treino ainda mais longo que 21 km.

Ele até pediu a outros funcionários da CMT para que também corressem a maratona conosco. Camisetas foram feitas e o dinheiro foi levantado. Aquilo se tornou um evento dentro do evento. E então chegou o dia da corrida. Ele nunca treinou mais de 11 km porque o livro de corrida que ele escolheu para basear nosso treinamento não sugeria isso, enquanto eu corria 20 km toda sexta-feira. Eu perguntei ao meu corpo se este livro funcionaria para nós e recebi um "não". Então, quando não treinávamos juntos, eu fazia minhas próprias coisas.

Ficamos juntos por 10 quilômetros e então reparei que ele estava diminuindo o passo. "Você está cansado?" – perguntei.

"Não, amor. Tenho que fazer xixi." – ele respondeu.

"Então vai, eu espero."

"Não, eu encontro você. Continue correndo."

Foi o que eu fiz. Eu mantive o ritmo, que era como uma típica corrida de sexta-feira para mim. Quando cruzei a linha de chegada, fiquei por perto e peguei uma banana e um pouco de água para entregar a ele. Fiquei um pouco surpresa ao ver boa parte do nosso grupo da

CMT chegar antes dele, pois eu sabia que estávamos muito à frente da maioria deles desde o início. Quando ele finalmente apareceu, estava respirando com dificuldade. Eu disse a ele o quanto eu estava orgulhosa dele por correr sua primeira meia maratona. Ele se deliciou com sua conquista e eu o idolatrei ainda mais entre seus colegas de trabalho da CMT.

Eu tinha que informá-lo sobre isso, mas ele persistiu. E embora ele mencionasse mais de uma vez que poderia ter me vencido se quisesse, ele reconheceu que, devido ao seu intervalo no banheiro, eu "venci, justa e honestamente", mesmo que ele pudesse ver que eu corria muito mais que ele. Eu não sabia que haveria um vencedor e um perdedor correndo esta corrida juntos. Ele me disse que queria que passássemos mais tempo juntos e tomou a decisão de fazer a corrida. Meu ritmo na marca de 10 km certamente não era um sprint, mas, infelizmente, que ponto de vista interessante.

Eu recebi a energia do ponto de vista interessante dele naquele dia, e foi a partir desse momento que me conscientizei de como as pessoas só acusam você de ser competitivo se elas são competitivas. Ele basicamente me acusou do que ele estava realmente fazendo. Foi uma grande conscientização que continua a ser útil.

Lembro-me de sorrir com essa nova conscientização. Pensei comigo mesma, que, independentemente de todas as corridas que corri antes de nos conhecermos, ele sabia que eu era uma corredora mais eficiente e mais rápida

ESCOLHENDO FELICIDADE

do que ele. E ele apenas me disse isso indiretamente, sem nem mesmo saber. A conscientização não é ótima?

RUDRANI DEVI

CAPÍTULO 12:

NÃO OUÇA, NÃO CONTE E NEM COMPRE A HISTÓRIA

Todo mundo adora um bom contador de histórias, não é? É claro que sempre existe o cara que consegue manter um lugar cativo com suas reflexões estranhas ou engraçadas. Todo mundo gosta desse cara e, se derem uma festa, é garantido que ele será convidado para haver mais diversão.

E aquelas pessoas que, quando as vemos chegando, queremos correr na direção contrária? Pense em Debbie Downer, do programa Saturday Night Live. Ah, espera, ela era divertida e engraçada também!

Estou falando daquelas pessoas que são constantemente objeto de tudo. Algumas dessas pessoas são as mesmas que queriam saber a razão de eu estar tão feliz. Então, vamos nos aprofundar nisso com a próxima ferramenta de Access Consciousness:

RÜDRANI DEVI

NÃO OUÇA, NÃO CONTE E NEM COMPRE A HISTÓRIA

E se as histórias fossem justificativas para os pontos de vista interessantes que você criou sobre algo para provar que estava certo? "Já que aquilo aconteceu, eu tive que fazer isso. Eu não tinha outra escolha." Sério? Histórias são justificativas para as limitações que as pessoas estão escolhendo, como se não tivessem outra escolha. Então, e se a história fosse apenas a história? Não é realidade e não é a verdade. E se realmente não significasse nada?

E se a história for como você justifica as limitações da sua vida e da sua realidade? Tenho uma amiga íntima da família que contava a história dela para que pudesse manter sua vitimização. Isso permitia a ela justificar as escolhas que fez, em vez de reconhecer que ela realmente escolheu algo, só para começar. Isso ocorreu nas festas de fim de ano, e havia vários amigos juntos, cantando canções e tomando bebidas típicas desta época do ano. Eu estava ouvindo a história dela sobre como ela havia ganhado menos dinheiro naquele ano do que pagara em impostos. Eu ouvi todas as razões dela pelas quais isso aconteceu, por causa disso e por causa daquilo. Era como se ela não quisesse viver a própria vida. Ela preferia escolher todos os motivos pelos quais não poderia viver a própria vida. Ela foi contando isso a cada pessoa, contando a história dela para quem quisesse ouvir, até chegar a minha vez.

ESCOLHENDO FELICIDADE

"Fiquei sabendo de tudo isso." – eu disse assim que ela começou. "Evidentemente, este se tornou o seu novo mantra."

Agora, por que eu gostaria de dar uma bronca em uma amiga da família? Eu não estava trabalhando e ela não estava me pagando pela minha conscientização. Talvez eu tenha pensado que seria engraçado. Isso realmente colocou um olhar engraçado no rosto dela.

"Bem, foi o que aconteceu." – ela disse, justificando o ponto de vista dela.

"Ok, legal." E deixei por isso mesmo. Eu não queria me aprofundar, já que eu não estava segura de que ela poderia receber o que eu tinha a dizer. E, afinal, é apenas a minha conscientização. Realmente não significava nada.

Suponho que aquilo soou como um julgamento para ela, pois, depois de fazer uma cara feia algumas vezes, ela perguntou: "O que você quer dizer com isso?"

"Bem, você sabe que estou brincando sobre a coisa do mantra." Eu estava agora me esquivando, investigando a energia dela para ver aonde eu poderia ir com ela ou mesmo se eu deveria avançar sobre o assunto.

"Não é engraçado. Foi o que aconteceu." Ela me lançou um olhar vago. "Ajude-me a entender."

Eu estudei o rosto dela. Ela estava se preparando para usar *gaslighting* contra mim? Ou notei uma centelha de consciência naqueles olhos. Parecia leve, então eu continuei.

"Bem", comecei cautelosamente, "você já considerou que compartilhar seus assuntos particulares, talvez não muito agradáveis, com todo mundo, possa ser desconfortável para as pessoas?" Fiz uma pausa: "E agora que elas sabem, seria possível que isso pudesse criar mais da mesma realidade para você? Se você persistir com a mesma história, conseguirá fazer com que elas comprem sua história de carência como verdadeira para você, e esse será o ponto de vista contínuo percebido por elas acerca de quem você é. Você realmente quer que elas percebam que você é uma guerreira?"

Ela não disse uma palavra, mas foi conquistada.

"Mantras sânscritos geralmente são declarações positivas do que se deseja alcançar. Acredito que você provavelmente não quer criar menos do que pagou em impostos novamente, então por que você gostaria de repetir essa história triste para qualquer pessoa e todo mundo que vai ouvir?" Os olhos dela se mexeram um segundo e eu pude sentir que ela estava realmente contemplando isso como uma possibilidade.

"Eu não reparei que estava fazendo isso."

"Bem, não há julgamento aqui." – respondi. "É apenas minha conscientização. Talvez mudar isso para você

ESCOLHENDO FELICIDADE

seja não comprar sua própria história, para que você possa criar algo diferente."

"Mas foi isso o que aconteceu."

"Eu percebo." – respondi. "Mas e se você pudesse criar algo diferente da próxima vez"? E não ficar presa nas 'justificativas' da sua história? É apenas uma escolha. Você pode escolher algo diferente da próxima vez.

A boca dela não se mexeu, mas seus olhos mostravam curiosidade.

"Você se surpreenderia com a rapidez com que uma simples pergunta acerca 'do que mais é possível aqui' pode mudar as coisas."

Conversamos um pouco mais e então a festa terminou e nos despedimos. Vários anos depois, entendo que as coisas realmente mudaram para ela em termos de trabalho, e ela até comprou uma segunda casa, alugando a primeira como apartamentos separados. Como pode melhorar ainda mais?

Aquilo foi um golpe de sorte para mim, pois consegui manter o espaço de uma conversa que poderia ter ido rapidamente para outra direção. Aprendi a não compartilhar minhas observações, a menos que eu perceba que elas realmente possam ser recebidas. Se não for possível ser assim, não é uma gentileza abordar o assunto.

RŪDRANI DEVI

Naquela época, eu era uma grande justificadora, com certeza. Ou seja, eu era assim para objetos ou coisas que eu queria explicar as razões pelas quais eu precisava desse objeto ou coisa e achava que tinha que explicar o porquê. Tenho certeza de que você já ouviu falar sobre o sabor do champanhe tendo um orçamento para cerveja. Bem, eu gosto de coisas boas, boas refeições e boas férias. Conte-me sobre justificativas para me permitir ter essas coisas na minha vida. Normalmente, uma viagem não era apenas uma viagem. Era uma viagem em que tinha que participar de uma reunião de negócios para justificar uma folga e validar minha história. Também me fazia parecer uma boa funcionária. Ponto de vista maluco, mas na época foi o que eu escolhi. E se eu não tivesse que tornar minha história verdadeira e real? E se eu não tivesse que ter um motivo? E se eu pudesse tirar férias porque eu podia? Não está certo. Não está errado.

Lembro-me de trabalhar como representante de vendas para uma empresa de armazenamento. Vendíamos embalagens e duplicação de fitas VHS, 3/4" e BetaMax. Sim, eu sei que acabei de entregar a minha idade. Eu era uma representante de vendas para a indústria da música, mas queria me dedicar ao mercado de games.

Magicamente, recebi uma oportunidade, em que um amigo estava indo a Londres a trabalho e possuía uma passagem de acompanhante não reembolsável.

ESCOLHENDO FELICIDADE

Precisaríamos ficar no mesmo quarto reservado no hotel, mas justifiquei isso como economia de dinheiro. Pelo menos, foi assim que contei ao meu namorado àquela época. Embora esse cara e eu tivéssemos namorado antes, supus que estávamos mais maduros agora e felizes em outros relacionamentos. Veja você, havia uma enorme empresa de jogos que eu estava contactando por telefone que me deixava voar de volta com o mestre por um pedido muito grande. Como eu não iria? Apresentei isso ao meu chefe, que, embora concordasse comigo, imaginou como meu namorado se sentiria a respeito disso.

Digamos que, como uma grande justificadora que eu era na época, eu tinha zero ferramenta para essa situação. Liguei para meu namorado, que era gerente de turnê de um artista de alto nível, e ele sequer estava em casa. Eu estaria de volta antes que ele terminasse aquela parte da turnê. Eu contei a ele sobre minha boa sorte e pensei: certamente ele ficaria feliz e concordaria que essa era realmente uma oportunidade que eu não poderia deixar passar.

"Bem, acho que você já esquematizou tudo, não é?" – ele disse num tom de voz muito baixo.

"Uau!" – eu estava muito animada. "Muito obrigada por entender!"

Liguei de volta para meu amigo e ele organizou tudo. Veja bem, o nome no outro bilhete aéreo precisaria ser alterado para o meu nome. Eu não tinha certeza de como ele iria fazer isso, mas como ele era um promotor poderoso da Warner Bros. Records, presumi que ele poderia fazer coisas assim acontecerem. Mais uma vez, a mágica estava se alinhando para mim.

Agora, tenho certeza de que isso parece uma história muito mais leve do que a da minha amiga da família, mas será? Eu podia fingir o quanto eu quisesse, que meu namorado ficaria bem com essa viagem, mas fui eu que escolhi não escolher a consciência, e me afundei mais em todas as razões pelas quais eu apenas tinha que ir.

Mas foi só ao chegar ao avião que obtive o resto da história de Bill. Ele ia levar a namorada nessa viagem de negócios, mas ela queria dar um tempo e ele tinha uma passagem não reembolsável. Quando ele disse a ela quem estava levando, e como ela sabia que havíamos sido íntimos no passado, as coisas não deram muito certo. Quanto ao resto da minha história, depois que cheguei em casa, meu namorado terminou comigo.

Embora aquela viagem não tenha reavivado nada entre mim e meu amigo, olhando para trás agora, o que fizemos não foi uma gentileza para nenhum dos nossos parceiros. Ele e eu sabíamos que nada iria acontecer entre nós. Nós nos separamos amigavelmente sabendo que éramos melhores amigos do que amantes. Nossos parceiros sabiam disso? Bem, tenho certeza de que, mesmo contando a eles, eles não seriam capazes de receber isso.

ESCOLHENDO FELICIDADE

E se, em vez disso, eu dissesse algo do tipo: "Querido, tenho essa oportunidade de negócios de ir a Londres para me encontrar com meu primeiro cliente em potencial na área de jogos. Está tudo pago e só sairei uma semana. Não é legal? "Isso teria sido verdadeiro, sem todas as justificativas para o porquê de ele comprar minha história como minha única opção. Ou melhor ainda: "Querido, vou a Londres a negócios e vou poder estender um pouco a minha viagem. Volto em uma semana."

Em vez disso, dando a ele algo que ele não pôde receber, eu inadvertidamente esfreguei na cara dele que meu ex-namorado tinha esse bilhete extra que ia ser desperdiçado, então eu deveria aproveitar isso e procurar esse cliente. Claro, ele seria capaz de receber isso. Claro que não. E isso, meus amigos, não era uma gentileza. E certamente não foi algo para honrar o nosso relacionamento. Foi uma grande experiência, meus amigos.

Imagino que alguns de vocês possam ter o ponto de vista de que não contar a ele toda a história também não seria uma gentileza. Mas na verdade não aconteceu assim. O ponto é que havia outras escolhas mais gentis que eu poderia ter feito se não estivesse tão dedicada a repetir minha história para obter validação, contando minha história a quem quisesse ouvir e depois querendo que todos comprassem a história para que eu não tivesse que me sentir mal por tirar férias.

RŪDRANI DEVI

Eu só trabalhei em um daqueles dias. Eu tirei o resto dos dias de férias. Eu consegui o cliente e vários pedidos com comissões muito altas, embora eu esteja certa de que um ser infinito teria feito as coisas de um jeito diferente. Naquela época, eu não estava muito consciente disso. Eu estava mais voltada para competição e em como obter as coisas. Hoje as coisas são muito diferentes. Eu posso ter me ligado por alegria naquela época, mas a diferença entre minha felicidade de antes e a de hoje é que agora a minha felicidade é autêntica.

Você já reparou que as pessoas que realmente gostam da história geralmente não estão realmente conscientes? Ponto de vista interessante, elas têm esse ponto de vista. Eu já fui assim. Fiz isso. Sem julgamento. É apenas uma escolha.

CAPÍTULO 13:

SEM EXCLUSÃO

Um ser infinito poderia excluir alguém ou alguma coisa de sua vida? A consciência inclui tudo e não exclui nada, inclusive defeitos, e sem julgamento. Você não pode se conscientizar e excluir ao mesmo tempo. É impossível. Então, para estar consciente, você precisa fazer a inclusão.

E a última ferramenta que vou compartilhar com você na jornada da felicidade autêntica é essa:

SEM EXCLUSÃO

A exclusão é uma maneira de excluir completamente os outros. Um ser infinito escolheria excluir outros por qual motivo? E se a exclusão estivesse na verdade excluindo a pessoa de entrar na sua vida e estar totalmente presente com você? Isso não significa que você precise dar qualquer coisa a ela. É sobre poder receber as pessoas como elas são, independentemente de você se alinhar e concordar ou resistir e reagir a elas.

RŪDRANI DEVI

Fazer isso não significa que elas entrarão em sua vida. Isso pode não ser algo que elas tenham a capacidade de escolher. Um ser infinito mantém espaço para isso sem julgamento. Mesmo que as pessoas o excluam da realidade ou da vida delas, isso não significa que você não permita que elas sejam incluídas na sua.

É estranho que, em algumas ocasiões, me perguntaram se eu facilitaria um terrorista. Pergunta interessante. Também ouço as suspeitas de sempre: "você facilitaria um molestador de crianças ou um estuprador?" A resposta simples é sim. Além de um ser infinito, incluindo todos e não excluindo ninguém, e se eu for a única chance de essa pessoa se conscientizar de suas ações e talvez desejar escolher algo diferente? Por que eu não gostaria de ajudar a criar isso no mundo deles? Esse pequeno ato de bondade não tornaria este mundo um lugar mais leve para todos nós? Ouso dizer: "O que Jesus faria?"

Por outro lado, não vou eliminar minha conscientização em tudo isso. Se houver uma sensação de perigo claro iminente, então minhas escolhas de como facilitar, se é que existem, podem ser diferentes. Quantos terapeutas facilitam os presos em um ambiente seguro? Gary diz que, honestamente, você não pode facilitar alguém se você tem um ponto de vista a respeito, porque seu ponto de vista ficará com você. Se você acha que tem um ponto de vista, a coisa mais gentil que pode fazer é encaminhar a pessoa a outro terapeuta.

ESCOLHENDO FELICIDADE

Novamente, se eu tivesse a conscientização de que essa pessoa não estava sendo sincera ou poderia machucar muito alguém se lhe fosse concedida liberdade condicional, então, como um ser infinito, essa seria a conscientização que eu colocaria em meu relatório. Sabendo disso, um ser infinito diria: "Simplesmente não posso facilitar essa pessoa porque ela é ruim?" Vou deixá-lo responder dessa vez. Se eu rejeitasse esse ser como alguém com quem não deveria perder meu tempo, estaria eliminando minha consciência. Em vez disso, se eu o incluísse no meu mundo, também teria a consciência de qual seria a ação mais generativa, mesmo que fosse a morte. Um ser infinito não tem um ponto de vista de maneira alguma. Um ser infinito simplesmente escolhe com base no que suas escolhas poderiam criar. É simples assim.

Recentemente, recebi uma ligação de minha cliente de reflexologia que eu não via desde que havia facilitado o marido dela com Parkinson. Os anos se passaram e agora ela queria que eu facilitasse o filho dela de meia idade. Ele havia sido um quiroprata de destaque em Nashville alguns anos antes, com uma prática respeitável e era muito reverenciado pela comunidade holística. Por algum motivo, ele mudou sua prática para Los Angeles e foi quando, segundo ela, ele saiu do controle.

Ele havia decidido que queria se especializar em vícios, mas queria uma compreensão mais clara do que era aquilo. Assim, ao longo de várias semanas, ele experimentou diferentes psicotrópicos, inclusive adicionando heroína à sua experiência. Sem acompanhamento, as coisas não ocorreram como ele esperava e sua prática saiu do controle. Ele começou a levar viciados para a casa de seus pais em Los Angeles. Ainda em Nashville, os pais não sabiam o que estava acontecendo, até entrarem na residência deles totalmente destruída, e se depararem cara a cara com a namorada do filho que era viciada em drogas. Há muito mais nessa história, embora isso seja o suficiente para você obter a energia dela.

Quando minha cliente me ligou, o filho tinha tido um episódio de quase morte depois de uma discussão aos gritos com a namorada. Eles estavam no nível superior de uma garagem. Ela o deixou em pé na garagem, tropeçando. Depois de mais gritos, ele saiu correndo pelo topo da garagem. Quando a ambulância chegou, ele não estava morto, mas não era esperado que ele vivesse. Como seus ferimentos causavam risco de morte, em vez de uma ala psiquiátrica, ele entrou em uma unidade de terapia intensiva.

Devido à natureza do tratamento, ele ficou limpo, mas nunca mais foi o mesmo. Naquela época, eu estava reformando minha casa e morando em um apartamento próximo. A mãe dele me contou que ele disse que tinha demônios e queria que eles fossem exorcizados, algo que eu tenho um talento e capacidade de liberar. Depois de uma breve conversa, ele veio até mim. Eu abri a porta de vidro para o caso de ele começar a gritar e deixei a

ESCOLHENDO FELICIDADE

porta do apartamento destrancada também. Eu tinha o chaveiro de alarme de pânico no meu escritório para o caso de precisar usá-lo, e também mantive meu telefone celular por perto. No minuto em que ele entrou, pude sentir que ele não estava sozinho. Não havia nenhum registro de que ele tivesse machucado alguém além de si mesmo, até aquele momento. Eu queria me certificar de que eu não seria a primeira.

Eu me expandi para a terra do ser infinito, para que eu pudesse estar perfeitamente consciente e pronta para qualquer coisa. Ele rapidamente anunciou que era Deus e que poderia facilmente apagar minha mente débil, para que eu pudesse ser feliz neste mundo que estava totalmente arruinado.

"Isso é o que eu recebo por dar livre arbítrio a essas pessoas!" – ele vociferou.

"Gratidão pela oferta," – eu disse, reconhecendo-o, "mas eu estou bem com a minha mente débil no momento. Por favor, sente-se e diga-me a razão de você estar aqui."

E então se iniciou uma série de gritos que se transformaram em lágrimas e, de repente, como uma criança, ele se tornou dócil. Eu segui adiante enquanto cada entidade se revelava para mim e eu me expandia mais para incluir todas elas. Havia muitas e, reconsiderando isso, eu provavelmente teria encaminhado a mãe dele ao Dr. Dain e Gary. Da maneira como ocorreu, foi o que fiz após a conversa de uma hora que tive com a mãe dele depois da sessão.

Consegui colocá-lo na minha maca algumas vezes. Cada vez que eu o tocava para liberar esses demônios, ele pulava e gritava que eu o estava machucando. Em uma das vezes ele disse que eu havia colocado fogo nele. Consegui remover três entidades durante a sessão, mas havia muito mais acontecendo e ele não estava pronto para remover todas. Elas deram a ele um falso senso de poder que era muito significativo para ele. Depois que descobri o portal, fiquei estagnada. A menos que ele quisesse fechá-lo, não havia como fazer aquilo. Pelo menos eu não estava ciente de uma maneira de fazer isso acontecer.

Eu o acalmei aos sussurros e depois anunciei que sentia muito por não poder ajudá-lo mais. O comportamento dele mudou, e seus olhos ficaram vidrados enquanto ele olhava através de mim. Em seguida, ele anunciou com naturalidade: "Tudo bem, criança. Você tentou. Ele me deu um tapinha na cabeça. "Vou lhe enviar a conta."

E, desta forma, ele foi embora. Liguei para a mãe dele para avisá-la e combinei de conversar com ela.

Duas horas se passaram e, no entanto, quase nada havia mudado no mundo dele. O pouco que pude facilitar veio de um lugar de total inclusão e imagino que, de alguma maneira, essa foi a primeira vez que ele sentiu que era ouvido após muito tempo.

ESCOLHENDO FELICIDADE

Ele estava fora de si? Sim. Essa é a minha conscientização. Ele realmente queria mudar? Minha conscientização diz que não. Eu tinha um ponto de vista sobre isso? Não. Senti que falhei? Não.

Essa experiência foi um presente para mim. Isso me mostrou que eu poderia ocupar o espaço a partir de um lugar sem julgamento, mesmo que não tivesse se comprovado como um sucesso na realidade dele. Na minha, foi. Não sei se eu poderia ter mantido esse espaço dois anos antes. Eu me vi estranhamente em paz com o resultado.

Se eu o tivesse excluído, se fosse incapaz de recebê-lo, eu não teria a conscientização de manter o espaço para ele. A consciência inclui tudo e não exclui nada. Eu havia descoberto o que era aquilo. Eu ainda luto com esta ferramenta? Bem, em poucas palavras, quando se trata de família, sim. Tornou-se evidente que, embora eu honre profundamente minha família e seja grata pela forma como meus familiares aparecem, às vezes é difícil para mim incluí-los no meu mundo. No passado eu me vi fazendo muito "ponto de vista interessante". Hoje isso acontece com pouca frequência. Minha família é um gatilho muito generativo para manter minha conscientização. É algo que eu desejo profundamente criar na minha vida para que eu possa realmente ser em um espaço sem julgamento. Principalmente para que eu possa não ter julgamento de mim mesma. O que mais é possível agora?

RŪDRANI DEVI

Mas eu estou me aperfeiçoando. O Natal de 2017 foi o melhor de todos. Eu tinha essa coisa terrível de sinusite acontecendo e até cancelei a apresentação em shows consecutivos pouco antes. Uma coisa que não mencionei até agora é que sou cantora e intérprete, além de tocar violino elétrico e alguma percussão para algumas bandas locais de Nashville. Depois de curar completamente meu corpo dos ataques terroristas, decidi me criar fazendo o que gerava alegria para mim, não importa o quê. Cantar é definitivamente uma das coisas mais alegres que faço e foi a principal razão pela qual vim a Nashville, reconhecida como a Cidade da Música. E sou imensamente grata por haver pessoas que apoiem o meu amor pela música, assistindo aos meus shows, mas estou fugindo um pouco do assunto.

Agora, voltando ao Natal de 2017. Minha irmã mais velha estava se casando, e eu mal podia esperar para tirar fotos e criar um álbum dela com seu noivo, o que se tornou um dos meus vícios. Tudo parecia leve para mim pela primeira vez em muitos anos.

Eu estava apenas escolhendo isso?

CAPÍTULO 14:

VOCÊ ESTÁ PRONTO PARA ESCOLHER?

E se você não vivesse nesta realidade? E se essa realidade vivesse em você?

Dr. Dain fez essas perguntas curiosas durante uma teleclasse chamada "Peça", que foi seguida de uma teleclasse chamada "Receba". Mesmo que esteja ali na Bíblia, a maioria de nós não pensa em pedir o que queremos e, quando aparece, estamos realmente dispostos receber o que pedimos?

Essas duas teleclasses mudaram minha percepção de como eu vivia neste mundo. E se tudo que aprendi nesta realidade não fosse verdadeiro para mim?

Naquele momento, reconheci o quanto consegui criar e gerar em minha vida, que nessa realidade, realmente parecia impossível que eu conseguisse. Eu me reinventei tantas vezes sem nem perceber. Apenas seguindo o fluxo, seguindo a energia do que quer que fosse leve a cada 10 segundos e, na maioria dos casos, sem ter um ponto de vista sobre isso. Eu tinha sido ridicularizada por ter muita sorte. E por incontáveis vezes, as pessoas me perguntaram: "Que droga você está usando?", quando eu era pega sorrindo, aparentemente sem motivo. Seria possível que, na maioria das vezes, eu simplesmente não estivesse permitindo que essa realidade me derrubasse? Eu não estava me fechando para o mundo. Eu simplesmente não estava comprando a história para mim. Isso era viver no mundo, e ao mesmo tempo não era?

Eu reconsiderei tudo. Não se tratava de ficar vagando pela minha vida sem rumo. Eu simplesmente não era uma pessoa de sorte. Na verdade, eu supostamente criei minha vida em uma realidade aparentemente impossível de se viver. Então, como eu consegui? Mesmo antes de Access Consciousness e dessas ferramentas que tenho compartilhado alegremente com você, eu desafiava as probabilidades. Intimamente, eu sabia algo sobre prosperar, mesmo quando as coisas no mundo da maioria das pessoas seriam consideradas sombrias e desoladoras?

E então isso me ocorreu. A verdade é que não recebi os pontos de vista de outras pessoas como verdadeiros para mim. Meu pai me dizia que eu era burra e me vi fazendo o que podia para provar que não era. Mas digam-me, seres lindos, uma pessoa estúpida teria

ESCOLHENDO FELICIDADE

conseguido tanto quanto eu, ou tantas aventuras assim? Evidentemente, eu nunca comprei essa história. E, é claro, eu parecia ingênua, rindo do estado em que o mundo estava ou o que quer que fosse. Essa realidade é realmente engraçada para mim. Acho interessante que as pessoas escolham o que escolhem em suas vidas, e sim, isso me faz rir. Eles poderiam escolher de forma diferente se quisessem. Talvez elas não saibam disso ou se sintam à vontade em suas escolhas, mesmo quando parecem descontentes com a sorte na vida. Aceito as escolhas delas, mesmo que não funcionem para mim. Isso não as torna certas ou erradas. É apenas uma escolha. E isso não me torna inocente ou ingênua estar no espaço de "escolha interessante". Isso se chama consciência. Em vez de ver os efeitos do nosso mundo como certos ou errados, tenho a consciência de que é isso que o nosso mundo está escolhendo. Escolha interessante, concedida, mas é assim que as situações são criadas. Nós escolhemos. Nós sempre escolhemos conscientemente? Não, na maioria das vezes, não, em minha conscientização.

Então, voltando a esta questão de felicidade. E se você pudesse apenas escolher? E se fosse tão fácil quanto dizer: "Eu vou ter isso!" Um amigo recentemente me perguntou o que eu queria de aniversário, e minha resposta foi que eu gostaria de ser realmente mais alegre do que eu já sou! Resumindo? As joias também são legais! Ei, eu sou uma garota. Mas, brincadeiras à parte, SIM, ESCOLHO FELICIDADE. É a melhor alternativa.

RUDRANI DEVI

E é meu desejo para todos vocês lendo este livro, que vocês considerem o mesmo. É apenas uma escolha. A única pergunta que fica é: *você vai escolher isso?*

SOBRE A AUTORA:

Rüdrani Devi é uma autêntica xamã, descendente de gerações de mulheres talentosas em sua linhagem familiar. Considerada uma médica intuitiva na comunidade de curadores, ela estudou e se tornou uma curadora vibracional certificada pelo Instituto Nacional de Saúde em Boulder, Colorado, em 2004.

Atualmente Devi realiza sessões energéticas à distância e pessoalmente em seu escritório em Nashville, Tenessee. Ela também está disponível para palestras motivacionais e noites de autógrafos, além de oferecer classes com técnicas de cura vibracionais onde quer que seja convidada.

RŪDRANI DEVI

MAIS SOBRE ACCESS CONSCIOUSNESS

O que é Access Consciousness?

As classes de Access Consciousness fornecem processos verbais e ferramentas simples para a mudança, que permitem muitas ou poucas mudanças, de acordo com a sua disposição de escolher! E se você não precisasse que outra pessoa lhe desse uma resposta... apenas algumas perguntas que lhe permitissem saber o que você sabe? Isso criaria maiores possibilidades para sua vida?

O que são As Barras?

A primeira classe de Access é a de Barras. Você sabia que existem 32 pontos em sua cabeça que, quando gentilmente tocados, liberam sem esforço e com facilidade qualquer coisa que não permita que você receba? Esses pontos contêm todos os pensamentos, ideias, crenças, emoções e considerações que você armazenou em qualquer vida. Esta é uma oportunidade para você se desapegar de tudo!

Quanto de sua vida você passa fazendo em vez de recebendo? E se você pudesse receber mais, diminuir a tagarelice mental e experimentar como é ser uma meditação ambulante? Receber ou aprender as BARRAS permitirá que isso e MUITO mais apareça para você! Se você está realmente pronto para algo novo, este é um ótimo lugar para começar. SEM PRÉ-REQUISITOS! Como pode melhorar ainda mais?

O que é a classe O Fundamento?

A CLASSE O FUNDAMENTO foi desenvolvida para permitir que você mude tudo e o que gostaria de mudar em sua vida. Você receberá uma caixa completa de ferramentas que lhe permitirá destruir a base da limitação em que tantas vezes funcionamos e construir uma nova base, uma possibilidade ilimitada, para que você possa começar a criar a vida que realmente deseja.

O que você deseja? O que você gostaria que fosse diferente? Você gostaria de mais alegria? Mais diversão? Mais facilidade? Você gostaria de acordar pela manhã com uma sensação de gratidão... Feliz por estar no planeta?

O que quer que isso seja para você, é possível. Milhares de pessoas em todo o mundo criaram a vida desejada usando as ferramentas simples e pragmáticas de Access Consciousness a que você será apresentado na classe O Fundamento.

Você receberá ferramentas que usará pelo resto da vida. Com essas ferramentas, você poderá ter maior clareza e novas abordagens pragmáticas para lidar com as limitações acerca de relacionamentos, dinheiro, corpo, sexo e comunicação. Você entenderá facilmente

ESCOLHENDO FELICIDADE

as fontes de grande parte da falta de comunicação em sua vida, desfará e aprenderá métodos que podem funcionar MUITO melhor! LIVRE-SE para sempre da "conversa mental sobre dinheiro" em sua mente, sem parar, enlouquecendo e sem realizar nada. Aprenda pelo menos dois métodos adicionais de cura com imposição das mãos, que você pode usar para curar a si e aos outros sem qualquer treinamento prévio.

https://www.accessconsciousness.com/

BREVE DOCUMENTÁRIO SOBRE AS BARRAS DE ACCESS:
https://www.youtube.com/watch?v=CB3DPofWex8

Saiba ainda mais sobre as BARRAS DE ACCESS:
https://energypsychologyjournal.org/abstracts/abstracts-volume-9-number-2-november-2017/effects-access-bars-anxiety-depression-pilot-study/

https://www.youtube.com/watch?v=5UjO-LC-RHs

https://www.youtube.com/watch?v=p2axqedXMnw

RÜDRANI DEVI

Significado do ENUNCIADO ACLARADOR:

Este é um trecho do livro *A world of choice*. *A world of freedom* (tradução livre para o português: Um mundo de escolha. Um mundo de liberdade), de Gary M. Douglas, detalhando o significado do Enunciado Aclarador de Access Consciousness:

Você é o único que pode desbloquear os pontos de vista a que você se prendeu. O que estou oferecendo aqui é uma ferramenta que você pode usar para mudar a energia dos pontos de vista a que você se prendeu como situações imutáveis.

Ao longo deste livro (*A world of choice. A world of freedom*), faço muitas perguntas, e algumas dessas perguntas podem mudar um pouco sua cabeça. Essa é a minha intenção. As perguntas que faço são projetadas para tirar sua mente de cena, para que você possa obter a energia de uma situação.

Depois que a pergunta virar sua cabeça e despertar a energia de uma situação, pergunto se você está disposto a destruir e descrever aquela energia – porque a energia estagnada é a fonte de barreiras e limitações. Destruir e descrever essa energia abrirá a porta de novas possibilidades para você.

Essa é a sua oportunidade de dizer: "Sim, estou disposto a me desapegar do que quer que esteja mantendo esta limitação."

ESCOLHENDO FELICIDADE

E isso se seguirá de uma fala esquisita, que chamamos de enunciado aclarador:

Certo e Errado, Bom e Mau, POD e POC, Todas as 9, Curtos, Garotos e Aléns.

Com o enunciado aclarador, voltamos à energia das limitações e barreiras que foram criadas. Estamos observando as energias que nos impedem de avançar e expandir em todos os espaços aonde gostaríamos de ir. O enunciado aclarador aborda as energias que estão criando as limitações e contrações em nossa vida.

Quanto mais você faz o enunciado aclarador, mais profundamente ele chega e pode desbloquear para você mais camadas e níveis. Se você receber muita energia em resposta a uma pergunta, pode repetir o processo várias vezes até que o assunto abordado não seja mais um problema para você.

Você não tem que entender as palavras do enunciado aclarador para que ele funcione, pois isso se trata de energia.

Significado do ENUNCIADO ACLARADOR DE ACCESSCONSCIOUSNESS:www.theclearingstatement.com

MEDITAÇÃO DA EXPANSÃO

www.ingramcontent.com/pod-product-compliance
Lightning Source LLC
Chambersburg PA
CBHW010741170426
43193CB00018BA/2914